Über dieses Buch und seinen Autor Arthur Schnitzler (1862–1931), der große Dramatiker, große Erzähler und in beiden literarischen Gattungen Meister des Dialogs, ist ebenso groß als Aphoristiker. Seine Beschäftigung mit für ihn wesentlichen und ihn berührenden Themen des Lebens, des Menschseins, der Kunst gedieh ihm immer wieder zu bündiger Formulierung, zu geprägter Sentenz. Mit der in dieser knappen Prosa enthaltenen und formulierten Erkenntnis von Welt und Menschen hat sich ein Dichter der jungen Generation produktiv auseinandergesetzt und aus dem Band »Aphorismen und Betrachtungen« eine so persönliche wie gültige Auswahl getroffen, der Schnitzlers Aufzeichnungen »Über Psychoanalyse« eingefügt sind. Clemens Eich ist mit dem fast ein Jahrhundert Älteren in einen lebendigen Dialog getreten. Er hat rund 600 Aphorismen aus seiner Sicht geordnet, Zusammenhänge und Kontrapunkte aufgespürt und als Hauptthema wie Leitmotiv »Beziehungen und Einsamkeiten« begriffen.

Der Herausgeber Clemens Eich, als Sohn von Günter Eich und Ilse Aichinger 1954 in Rosenheim geboren, besuchte die Schauspielschule in Zürich und war danach an verschiedenen Bühnen, zuletzt am Schauspiel Frankfurt und an Wiener Theatern, engagiert. Früh fand er zum lyrischen Ausdruck. Sein erster Gedichtband, »Aufstehn und gehn«, erschien 1980 in der Collection S. Fischer, sein erster Prosaband, »zwanzig nach drei«, im Herbst 1987.

ARTHUR SCHNITZLER

Beziehungen und Einsamkeiten

Aphorismen

Ausgewählt und eingeleitet
von Clemens Eich

FISCHER TASCHENBUCH VERLAG

Originalausgabe
Veröffentlicht im Fischer Taschenbuch Verlag GmbH,
Frankfurt am Main, April 1987

Die Texte sind, mit Ausnahme der Aphorismen ›Zur Psychoanalyse‹,
dem Band entnommen: Arthur Schnitzler, *Gesammelte Werke,*
Aphorismen und Betrachtungen

Umschlaggestaltung: Jan Buchholz/Reni Hinsch
Satz: Fotosatz Otto Gutfreund, Darmstadt
Druck und Bindung: Clausen & Bosse, Leck
Printed in Germany
980-ISBN-3-596-25980-0

INHALT

EINLEITUNG

In seinem berühmt gewordenen Brief an Arthur Schnitzler schreibt Sigmund Freud:

»Ich meine, ich habe Sie gemieden aus einer Art von Doppelgängerscheu. Nicht etwa, daß ich sonst so leicht geneigt wäre, mich mit einem anderen zu identifizieren oder daß ich mich über die Differenz der Begabung hinwegsetzen wollte, die mich von Ihnen trennt, sondern ich habe immer wieder, wenn ich mich in Ihre schönen Schöpfungen vertiefe, hinter deren poetischem Schein die nämlichen Voraussetzungen, Interessen und Ergebnisse zu finden geglaubt, die mir als die eigenen bekannt waren.«

Schnitzler hat uns und sich erkannt und durchschaut, deshalb lieben wir ihn. Die bestürzende Selbsterkenntnis, die Wahrheit inmitten der heiter-melancholischen Betrachtung macht seine Figuren so zeitlos, so »ewig«. Seine Welt mag untergegangen sein, wir sind es noch nicht, und wir erkennen uns mühelos wieder im »süßen Leben und bitteren Sterbenmüssen«, wie sich Heinrich Mann einmal zu Schnitzler äußerte. »Frühgereift und zart und traurig...« die schönen Zeilen Hofmannsthals haben so manches Mißverständnis provoziert, bis hin zum Aufführungs- und Darstellungsstil der Schnitzler-Dramen. Das war und ist es, was man gemeinhin »schnitzlerisch« nennt und damit verwechselt. »Schnitzlerisch« als Adjektiv ist schon fast in den gängigen Sprachgebrauch integriert, was bedeutet es eigentlich? »Neigung zur subtilen Selbstanalyse« wie Hartmut Scheible formuliert, die Neigung, die zur Lebensform wird, zum Zwang, zur fixen Idee

und die plötzlich, bar aller Subtilität, auf die nackte Existenz zurückgeworfen im Selbstmord endet. Das ist vielleicht »schnitzlerisch«. Die schnitzlerische Atmosphäre, diese scheinbar schwebende, die ihm immer wieder und immer noch – weil falsch oder nicht verstanden – vorgeworfen wird, diese Atmosphäre ist letztlich nichts anderes als die ununterbrochen präsente Verdrängung des Selbstmords. Im ›Leutnant Gustl‹ wird das exemplarisch vorgeführt. In diesem Zusammenhang ein Zitat Schnitzlers: »Ich bitte Sie! Lustspiel! Ich habe die größte Mühe, die Leute am Leben zu erhalten.«
Schnitzler spazierte hart am Rande jenes Abgrunds, vor dem einem bekanntlich schwindelt, aber er behielt den Spazierstock, der ihm von der untergehenden Gesellschaft und ihren starren Normen in die Hand gedrückt worden war, er war gewissermaßen ein Kavalier des Abgrunds.

Zur vorliegenden Auswahl der Aphorismen: Sie basiert auf dem fünften Band der ›Gesammelten Werke‹: ›Aphorismen und Betrachtungen‹, herausgegeben von Robert O. Weiss, 1967 erschienen im S. Fischer Verlag.
Ich habe versucht, aus der Fülle des Materials das mir wesentlich und über den Tag hinaus gültig Erscheinende auszuwählen. Eine Auswahl treffen heißt subjektiv handeln, meine Auswahl ist daher eine persönliche, keine literaturwissenschaftliche, falls man nach den Kriterien der Literaturwissenschaft überhaupt auswählen kann.
Der Titel der Auswahl ist auch ihr Hauptthema und war, denke ich, trotz seiner vielfältigen anderen thematischen Interessen auch Schnitzlers Hauptthema, wenn nicht unser aller.
Erstmals in Buchform erscheinen Schnitzlers Bemerkungen zur Psychoanalyse, von ihm selbst zu diesem Stichwort geordnet und in der Gesamtausgabe nicht enthalten, da Robert O. Weiss nach Mikrofilmen der Originale gearbeitet

hat und die Bemerkungen zur Psychoanalyse zu photographieren vergessen wurden. Aus diesem Grund habe ich mich entschlossen, dieses kurze Kapitel vollständig in den Band aufzunehmen, obwohl ich nicht allen Bemerkungen unkritisch gegenüberstehe. Reinhard Urbach, der dieses Kapitel in der Zeitschrift ›Protokolle‹ 1976 erstmals veröffentlichte, danke ich für den Hinweis.

Schnitzler war kein Aphoristiker im Sinne eines Karl Kraus, der über den Aphorismus einmal meinte: »Ein Aphorismus braucht nicht wahr zu sein, aber er soll die Wahrheit überflügeln.« Kraus brauchte und suchte die überspitzte Pointe, die manchmal die Wahrheit traf, Schnitzler hingegen war nicht unbedingt auf die Pointe aus, sondern auf Erkenntnis. Die Erkenntnis brachte aber durchaus Pointen mit sich. »Man mag die Menschen noch so sehr verachten, es läßt sich schwer ohne Leute leben.« Diesen Aphorismus könnten auch seine vielen zweifelnden und verzweifelten Figuren sprechen oder denken und andere ihnen als flüchtige Ahnung durch den Kopf gehen.

Arthur Schnitzler war ein Ahnender und ein Fragender, und wenn er ein Wissender war, so war er auch immer ein an diesem Wissen Zweifelnder, also kein starrer, sondern ein sich unentwegt weiterbewegender Geist.

Er veröffentlichte schon seit den neunziger Jahren immer wieder Aphorismen in Zeitungen, Zeitschriften und Almanachen. 1927 brachte er den einzigen zu seinen Lebzeiten erschienenen Band mit Aphorismen unter dem Titel »Buch der Sprüche und Bedenken« im Wiener Phaidon-Verlag heraus. In seinem Vorwort dazu schrieb er: »Dieses Buch will keine Systeme, keine Weltanschauungen, keine Erledigungen bringen [...]. Man nehme es einfach als Tagebuch, besser noch als eine Reihe von Bemerkungen, die anläßlich von Erlebnissen, äußeren und inneren, manchmal nach reiflicher Erwägung, öfter noch aus einer augenblicklichen Stimmung heraus aufgezeichnet wurden.« Ein Abschnitt

darin trägt die Überschrift ›Beziehungen und Einsamkeiten‹.
Ich habe mir als Herausgeber die Freiheit genommen – und bin mir bewußt, daß ich damit literaturhistorisch nicht »absolut korrekt« gehandelt habe –, prägnante und wesentliche Sätze aus längeren weniger wesentlichen Abhandlungen oder Betrachtungen herauszunehmen und als einzelne Aphorismen gelten zu lassen. Diese Fälle sind mit drei Sternchen gekennzeichnet. Die Kennzeichnung der Texte folgt der des Aphorismenbandes der Gesamtausgabe. Hierzu Robert O. Weiss: »Ein Sternchen besagt, daß größere Teile des vorangehenden Textes besonders schwer leserliche Zusätze und Korrekturen einschließen, auf deren absolut fehlerfreie Entzifferung kein Anspruch erhoben wird. Zwei Sternchen zeigen an, daß ein so markierter Text gänzlich oder teilweise unleserliche Stellen, bzw. Korrekturen enthält, die sich jedoch allem Anschein nach in erster Linie auf die Form, nicht auf den Inhalt beziehen.«

Noch einmal weg von der Wissenschaft, deren Verdienste ich damit nicht schmälern möchte, und zurück zu Arthur Schnitzler: Er zweifelte – ein Leben lang – nicht nur an den Menschen, ihren fragwürdigen Einrichtungen und Beziehungen, sondern – und das ganz besonders – auch an sich selbst und seinem Künstlertum. Noch 1915, im Alter von dreiundfünfzig Jahren, notiert er vier Jahre nach der Uraufführung von ›Das weite Land‹, die immerhin an neun Theatern gleichzeitig stattfand: ...»Empfind ich bei so vielem von mir, daß ich etwas weniger bin als das, was ich selbst einen ›Künstler‹ nenne: – hier bin ich etwas mehr.« Diese Tagebucheintragung ist keine Koketterie, sondern typisch für den Künstler Schnitzler, den seine große Begabung, die menschliche Seele und die menschlichen Bindungen schonungslos zu analysieren, nicht nur in der schriftstellerischen Arbeit beflügelte, sondern oft genug auch an ihr hinderte.

In einem Brief an Otto Brahm schreibt er: »Ich wollte, ich hätte etwas weniger Einsicht und etwas oder auch viel mehr Talent.« Er wußte um die Gefahren des Künstlerdaseins, um das allgegenwärtige und nie faßbare Chaos; gerade in seinen Aphorismen spürt man deutlich, wie er es zu umkreisen und zu bannen sucht: »Nur derjenige Künstler vermag ein reines Dasein in der Welt zu führen und zugleich reinliche, künstlerische Arbeit zu leisten, der sich zu den von ihm geschaffenen Gestalten in ein menschliches und zu den Menschen, mit denen er lebt, in ein künstlerisches Verhältnis zu setzen weiß.«
Im Juni 1927 heiratet seine knapp achtzehnjährige Tochter Lili den italienischen Offizier Arnoldo Cappellini. Ein Jahr später, am 26. Juli, nimmt sie sich in Venedig das Leben. In sein Tagebuch notiert der Vater: »Mit jenem Julitag war mein Leben doch zu Ende. Die andern wissens nicht – und manchmal ich selber auch nicht.« Drei Jahre später war er tot. »Schnitzlerischer« kann man sich ein Schicksal kaum mehr vorstellen.

Wien, im März 1986 Clemens Eich

BEZIEHUNGEN UND EINSAMKEITEN

Kein Gespenst überfällt uns in vielfältigeren Verkleidungen als die Einsamkeit, und eine ihrer undurchschaubarsten Masken heißt Liebe.

Die Liebe einer Frau kannst du dir durch mancherlei verscherzen: durch Vertrauen und durch Mißtrauen, durch Nachgiebigkeit und durch Tyrannei, durch zu viel und durch zu wenig Zärtlichkeit, durch alles und durch nichts.

Wie eilig ordnet sich Geschehnes ein.

Du willst einen Menschen besitzen? – Kenne ihn.

In der Liebe erkennen wir meist zu spät, ob ein Herz uns nur geliehen, ob es uns geschenkt oder ob es uns gar geopfert wurde.

Mancher pflegt den Abfall von einem Freund, einer Geliebten, einer übernommenen Pflicht mit dem Gebot der Treue gegen sich selbst zu entschuldigen – was oft genug nichts anderes bedeutet als die bequemste und feigste Art der Selbsttäuschung. Denn wie wenige kennen die Gesetze ihrer eigenen Entwicklung so genau, daß sie entscheiden könnten, ob sie mit solcher Treulosigkeit gegen einen Menschen oder eine Sache nicht zugleich die schlimmste gegen sich selbst begangen haben?

Ein Schicksal mag äußerlich abgetan sein, es bleibt immer noch Gegenwart, solange wir es nicht völlig verstanden haben. Erst wenn es geheimnislos für uns wurde, haben wir das Recht, es Vergangenheit zu nennen.

Nie wieder gut zu machen ist ein Begebnis, das zwischen zwei Menschen vorfiel, erst dann, wenn es aufgehört hat, ein Geheimnis zwischen diesen beiden zu sein. Denn kaum ist ein Dritter, kaum sind – wie es dann nicht fehlen kann – weitere Unbeteiligte eingeweiht, so hebt für jenes Begebnis, das eben noch eine Angelegenheit zwischen zwei Menschen war, in fremden Seelen ein neues Leben an; es erhält eine neue Form, bekommt einen neuen Sinn, wirkt fort und immer weiter und endlich in geheimnisvoller Weise zurück auf die beiden Menschen, zwischen denen es geschah.

Reue ist selten mehr als die Einsicht, daß irgendein Gewinn den Preis nicht wert war, den man dafür bezahlen mußte. Verzeihung in den meisten Fällen nichts als der schwachmütige Versuch, einen früheren Zustand, der bequemer oder genußbringender war, wiederherzustellen, und wäre es selbst auf Kosten der Billigkeit, der Ehre und der Selbstachtung. Beides also, Reue so gut wie Verzeihung, sind immer nur scheinbare Erledigungen; – entweder unbewußter Selbstbetrug oder bewußte Falschmünzerei des Gefühls.

Das Talent eines Menschen versöhnt uns oft mit der Fragwürdigkeit seines Charakters, wenn wir nicht gerade unter diesem persönlich irgendwie zu leiden haben. Niemals aber sind wir geneigt, uns durch die Vortrefflichkeit eines Menschen gegenüber seiner Talentlosigkeit milder stimmen zu lassen.

Liebe deinen Fernsten, wie du deinen Nächsten nicht leiden magst, dann wird vielleicht einmal Friede in der Welt werden.

Unsere Feinde haben meistens recht mit ihren Vorwürfen, aber zu ihren Vorwürfen beinahe nie.

Wieviel Herzlichkeit, Einsicht, Güte erscheint plötzlich in verhärteten, böswilligen Gemütern, sobald nur die Möglichkeit aus der Welt geschafft ist, daß ein anderer Mensch sich an dieser Herzlichkeit und Güte erfreuen oder gar einen greifbaren Vorteil davon haben könnte?***

Die Verleumdung ist nicht ganz ohne ethische Bedeutung. Sie schätzt die Möglichkeiten höher ein als die Tatsachen.

Bewahre uns der Himmel vor dem »Verstehen«. Es nimmt unserm Zorn die Kraft, unserm Haß die Würde, unserer Rache die Lust und noch unserer Erinnerung die Seligkeit.

Was uns als Größenwahn erscheint, ist nicht immer eine Geisteskrankheit; – oft genug ist es nur die bequeme Maske eines Menschen, der an sich verzweifelt.

Die Seele mancher Menschen scheint aus einzelnen gewissermaßen flottierenden Elementen zu bestehen, die sich niemals um ein Zentrum zu gruppieren, also auch keine Einheit zu bilden imstande sind. So lebt der kernlose Mensch in einer ungeheuren und ihm doch niemals völlig zu Bewußtsein kommenden Einsamkeit dahin. Die große Mehrzahl der Menschen ist in diesem Sinne kernlos, doch erst an merkwürdigen und bedeutenden Menschen fällt uns eine solche Kernlosigkeit auf, die übrigens vorzugsweise bei reproduzierenden Talenten, vor allem bei genialen Schauspielern, insbesondere Schauspielerinnen, zu beobachten ist.

Deine schlimmsten Feinde sind keineswegs die Leute, die anderer Ansicht, sondern die der gleichen sind wie du, aber aus verschiedenen Gründen, aus Vorsicht, Rechthaberei, Feigheit verhindert sind, sich dieser Ansicht zu bekennen.

So sinnlos die Welt dir erscheinen mag, vergiß nie, daß du durch dein Handeln, wie durch dein Unterlassen dein redlich Teil zu dieser Sinnlosigkeit beiträgst.

Wie es hysterische Liebe gibt, so gibt es auch hysterischen Haß, und er hat alle Kennzeichen, die andern hysterischen Affekten eigen sind: die teils willkürliche, teils unwillkürliche Übersteigerung des Gefühls, das Komödiantische im Ausdruck des Gefühls und den Zwang zu diesen beiden: zur Übersteigerung sowohl als zum Komödiantischen.

Manche flüchten sich in den Wahnsinn wie andere in den Tod; – und beides kann sowohl Mut als Feigheit gewesen sein.

Daß man zuweilen *mehr*, zuweilen *weniger* tun muß als seine Pflicht und eben durch dieses Mehr oder Weniger sie erst zu erfüllen vermag: das ist das Problem, dem wir in jeder schweren Lebenslage immer wieder gegenüberstehen.

Schlimmer betrogen, wer aus Angst vor Enttäuschung immer wieder sein Glück versäumte, als wer jede Möglichkeit eines Glücks ergriff, selbst auf die Gefahr hin, es könnte wieder nicht das wahre gewesen sein.

Wenige Menschen versäumen es, für das Schuldgefühl, das ihnen nach einer Büberei zurückblieb, an ihrem Opfer durch eine neue sich zu rächen; für die zweite durch eine dritte und so fort. Ermiß danach, wie viel Groll in einem Menschen sich ansammeln mußte, der dich haßt und noch nicht einmal zu der ersten Büberei Gelegenheit fand.

Du bildest dir ein, durch deine erzieherischen Talente einen Menschen gewandelt zu haben, und doch hast du meist nur einen Komödianten, einen Heuchler oder einen Feigling aus ihm gemacht.

Die Liebe zu den Kindern ist immer eine unglückliche, im Grunde die einzige, die diese Bezeichnung mit Recht verdient. Haben wir doch nur den Mut, uns zu erinnern. Auch in unserer Liebe den Eltern gegenüber, so groß sie war, – war in ihr nicht auch ein wenig Mitleid, vielleicht sogar etwas Widerwillen, war nicht am Ende in dieser Liebe etwas vorhanden, das dem Grauen verwandt ist?

Die Verfälschung des Gefühls zu demjenigen Seelenzustand, den wir Sentimentalität nennen, geht in einer dreifachen Steigerung vor sich: im ersten Grade schwächt sich das Gefühl ab durch das allzu klare Wissen darum, im zweiten Grade wird es getrübt durch die Unfähigkeit, dieses Wissen zu verbergen, im dritten wird es überdies entwürdigt durch den Stolz auf diese Unfähigkeit, – womit es endgültig das Recht verwirkt hat, Gefühl zu heißen.

Menschliche Beziehungen, die auf großem Fuße eingerichtet waren, lassen sich nur unter schmerzlichen und beschämenden Opfern in kleinem Stile weiterführen; und klüger ist der Entschluß, einen gemeinsamen seelischen Haushalt einfach aufzulösen, als der Versuch, ihn mühselig zu beschränken.

Innerhalb der Ökonomie menschlicher Beziehungen ist eine Verbindung von Unverläßlichkeit und Herzenswärme einer solchen von Herzenskälte und Verläßlichkeit immer noch vorzuziehen. Denn während es gegen Unverläßlichkeit einen Schutz gibt: Menschenkenntnis, macht Herzenskälte jedes menschliche Verhältnis so rettungslos erstarren, daß es zur Unfruchtbarkeit verurteilt bleibt.

Wenn du den »Jardin secret«, den heimlichen Garten deiner Seele allzu zärtlich hegst, so geschieht es leicht, daß er gar zu üppig zu blühen, über den ihm zugemessenen Raum hinauszuwuchern beginnt und allmählich auch Gebiete deiner Seele in Besitz nimmt, die gar nicht bestimmt waren, geheim zu bleiben. Und so kann es endlich geschehen, daß deine ganze Seele zu einem verschlossenen Garten wird und in all ihrem Blühen und Duften an ihrer Einsamkeit zugrunde geht.

Sind wir auf einer gewissen Höhe des Lebens, der Erfahrung und der Menschenkenntnis angelangt, so hat jeder Verkehr, auch mit den klügsten und liebenswertesten unserer Freunde, fast nur mehr eine atmosphärische Bedeutung, und alle unsere Gespräche, auch die sogenannten tiefen, vermögen uns kaum mehr in geistiger, sondern meistens nur in gleichsam rhythmischer oder musikalischer Weise zu bereichern und zu beglücken.

Es gibt mehr Arten von Einsamkeit, reinere, schmerzlichere, tiefere, als die wir so zu benennen pflegen. Ist es dir noch nie begegnet, daß plötzlich in einer großen Gesellschaft, nachdem du dich eben noch ganz wohl und vergnügt befunden, alle Anwesenden dir wie Gespenster und du selbst dir als der einzig Wirkliche unter ihnen allen erschienest? Oder wurdest du noch nie mitten in einem höchst anregenden Gespräch mit deinem Freund der völligen Unsinnigkeit all

Eurer Worte und der Hoffnungslosigkeit bewußt, einander jemals zu verstehen? Oder ruhtest du noch nie selig in den Armen deiner Geliebten und spürtest mit einem Male untrüglich, daß hinter ihrer Stirne Gedanken spielen, von denen du nichts ahnst? All dies ist schlimmere Einsamkeit als das, was wir gewöhnlich so zu nennen pflegen: das Alleinsein mit uns selbst. Denn dieses, gemessen an all jenen andern wirklichen Einsamkeiten, in denen Unheimlichkeit, Gefahr und Verzweiflung ist, bedeutet einen so harmlos-beschaulichen Zustand, daß wir dies Zusammensein mit uns selbst eher als die mildeste und bequemste Form der Geselligkeit empfinden sollten.

Oft glauben wir, einen Menschen zu hassen und hassen doch nur die Idee, die sich in ihm verkörpert. Und tritt uns das Individuum leibhaftig entgegen, das uns in der Entfernung unleidlich oder gar gefährlich schien, so erblicken wir mit einem Male nur eine armselige Kreatur, die von Geburt an verdammt ist zu Sünde, Leid und Tod; und unser Haß wandelt sich in Ergriffenheit, Mitleid, vielleicht selbst in Liebe.

Dein unversöhnlicher Todfeind, das ist wahrscheinlich der einzige Mensch, mit dem du dein Leben lang in einem ganz reinen Verhältnis zu stehen vermöchtest, – vorausgesetzt, daß ihr einander niemals persönlich kennenlernt.

Wenn du dich zur Versöhnlichkeit geneigt fühlst, so frage dich vor allem, was dich eigentlich so milde stimmte: schlechtes Gedächtnis, Bequemlichkeit oder Feigheit.

Es kommt nicht selten vor, daß Theaterstücke vor dem Publikum mangelhaft gespielt werden, nicht weil zu wenig, sondern weil zu viele Proben stattgefunden haben. So gibt es auch eine Art von überspielten Menschenkennern, die darum, weil sie gar zu viele Erfahrungen sammelten, endlich immer die Genarrten bleiben.

Wenn du dich in Gefahr glaubst, an einem Menschen zugrunde zu gehen, so rechne es ihm nicht gleich als Schuld an, sondern frage dich vorerst, wie lange du schon nach solch einem Menschen gesucht hast.

Die Anteilnahme der Nebenmenschen an unserem Schicksal ist Schadenfreude, Zudringlichkeit und Besserwisserei in wechselndem Gemisch.

Mag ein Mensch dich betrogen, bestohlen oder verleumdet haben – es könnte immer noch die Möglichkeit einer Versöhnung, ja selbst eines späteren reinen Verhältnisses zwischen dir und ihm bestehen. Ja, selbst mit deinem Mörder könntest du dich nach geschehener Tat vielleicht trefflich verstehen – am ehesten vielleicht mit ihm. Nur zu einem Menschen, der *nicht weiß*, was er dir getan hat, führt – selbst wenn du persönlich sein Tun längst verschmerztest – in aller Ewigkeit kein Weg zurück.

Für die meisten Menschen bedeutet eine Wohltat, die sie erfahren haben, nicht so sehr eine Gelegenheit, ihre Dankbarkeit, als vielmehr eine, ihre Unbestechlichkeit zu beweisen. Das kommt ihnen nicht nur seelisch beträchtlich billiger zu stehen, sondern erhöht überdies ihr Selbstgefühl manchmal so sehr, daß sie sich bald über ihren Wohltäter erhaben dünken.

Nichts tragen wir einem Menschen unversöhnlicher nach, als wenn er, ob auch absichtslos, uns in die Gelegenheit versetzte, gerade in unserer Beziehung zu ihm die üblen Seiten unserer Natur zu entwickeln – oder uns gar erst Anlaß gab, sie zu entdecken.

Je mehr uns ein Mensch, den wir im Grunde unserer Seele nicht leiden mögen, Anerkennung, Bewunderung, ja – so paradox es klingen mag – Liebe abzuringen weiß, umso höher pflegt in uns zugleich jene ursprüngliche Abneigung gegen ihn anzuwachsen; – und so findet und sucht der Haß oft genug seine Nahrung gerade in dem, was seiner Natur am heftigsten zu widerstreben scheint – in der Gerechtigkeit.

Daß wir *enttäuschen*, das mag uns oft genug ohne eigene Schuld begegnen; – es genügt dazu, daß Menschen, die uns überschätzt oder auch nur nach Verdienst gewürdigt haben, sich von uns fort oder über uns hinaus entwickeln, oder daß sie sich das auch nur einbilden. *Bestätigen* aber müssen wir uns immer wieder aufs neue, mit jedem Tag – aus eigner Mühe und mit eigner Kraft.

Wir sind in jedem Falle verdammt, unsere Nebenmenschen auszunützen; nicht nur aus sogenannten egoistischen Gründen, sondern in einem tieferen Sinne: zur Erfüllung unseres durch unsere Anlagen bedingten Schicksals. Die Menschen, die wir zu diesem Zwecke nicht brauchen können, entfernen wir unwillkürlich aus unserer Nähe, und mit unbewußtem Scharfblick wählen wir aus der Menge der uns Begegnenden eben diejenigen aus, die *ihrem* Wesen nach dazu geschaffen sind, uns das *unsere* entdecken und entfalten und so unser Schicksal erfüllen zu lassen.

Wie der Astronom aus der geringsten Abweichung eines Gestirnes von seiner Bahn mit mathematischer Sicherheit die Einwirkung eines fremden Himmelskörpers von irgendwoher im Weltenraum zu berechnen, ja vielleicht nun erst die Existenz dieses Himmelskörpers festzustellen vermag – ebenso wird der Seelenkenner aus dem Blick, der Miene, der Gebärde, dem Tonfall eines ihm vertrauten menschlichen Wesens – aus den geringfügigsten Veränderungen also, die dem Laien entgehen – auf das Vorhandensein eines neuen, fremden Einflusses schließen dürfen, lange ehe jenes Wesen selbst, ja auch wenn es sich überhaupt *niemals* der Abweichung von seiner Bahn bewußt werden sollte.

Warum uns doch die Gutmütigkeit unserer Nebenmenschen meist als Dummheit und unsere eigene als Güte – die Güte der andern als Schwäche und die unsere als ein Zeichen von Seelenadel erscheint?

Alles verstehen heißt alles verzeihen; – das wäre sehr edel gedacht und gesagt. Nur schade, daß das Verzeihen neunundneunzig Mal unter hundert aus Bequemlichkeit und höchstens einmal aus Güte geschieht; und daß die Güte unter hundert Fällen neunundneunzig Mal keineswegs in Reichtümern des Herzens, sondern vielmehr in Mängeln des Verstandes ihre Ursache zu haben pflegt.

Dem wahrhaft liebenswürdigen Menschen gegenüber fühlen wir uns immer schuldlos, auch wenn wir ein Unrecht gegen ihn begangen haben; – dem Unliebenswürdigen gegenüber stets von Verantwortung bedrückt, auch wenn uns an einer Unannehmlichkeit, die ihm begegnet, nicht die allergeringste und ihn selbst vielleicht alle Schuld trifft.

Herabgekommene menschliche Beziehungen, Liebesbeziehungen ganz besonders, haben zuweilen wie verarmte Adelige ihren lächerlichen oder auch rührenden Bettlerstolz, den wir in jedem Falle achten, am wenigsten aber durch eine zur Schau getragene Teilnahme verletzen sollen.

Wir mögen eine Frau noch so sehr für eine Canaille halten, wir werden immer empört sein, wenn wir diese Überzeugung zu unseren Ungunsten – und immer angenehm berührt, wenn wir sie zu unserem Vorteil bestätigt finden.

Aus einem bestimmten Anlaß betrügen, heißt beinahe schon treu sein.

Daß wir uns gebunden fühlen mit der steten Sehnsucht nach Freiheit – und daß wir zu binden versuchen, ohne die Überzeugung unseres Rechts dazu, das ist es, was jede Liebesbeziehung so problematisch macht.

Wenigen Frauen ist persönlicher Gerechtigkeitssinn eingeboren; den meisten fehlt sogar jedes Verständnis für das Vorhandensein eines solchen Sinns bei andern Menschen – wenn er ihnen nicht geradezu lächerlich erscheint; was öfter der Fall ist als sie zugestehen werden.

Nicht früher darfst du dich von einer Frau geliebt glauben, ehe du nicht sicher bist, ihre ganze erotische Sehnsucht auf dich allein vereinigt und alle anderen Möglichkeiten ihres Wesens, auch die ungeahntesten, zur Wirklichkeit erlöst zu haben.

Zwei Männer mögen wegen einer Frau in einen noch so erbitterten Streit geraten sein, – es kommt immer ein Augenblick, in dem sie nahe daran sind, einander – wie über einen Abgrund – die Hände zu reichen.

Du hast verstanden? Du hast verziehen? Du hast vergessen? Welch ein Mißverständnis! Du hast nur aufgehört zu lieben.

Das Beste, was Liebende im Laufe der Zeit einander werden können, das ist: Surrogate ihrer Träume oder Symbole ihrer Sehnsucht.

Was einer Frau an Courage zum Selbstmord fehlen mag, ist sie entsprechenden Falls ohneweiteres in der Lage, durch Bosheit zu ersetzen.

Manches gestehen, das bedeutet meist einen hinterhältigeren Betrug als *alles* verschweigen.

Eine kluge Frau sagte mir einst: Die Männer sind sich ohneweiters klar darüber, was sie bei uns erreicht haben; aber was sie alles bei uns *nicht* erreicht haben, davon haben sie meistens keine Ahnung.

Auf hundert Frauen, die sich nicht in den Mann verlieben, sondern in dessen Ruhm, in dessen Reichtum oder auch in dessen verbrecherische Anlagen, kommt noch nicht *ein* Mann, der eine Frau darum begehrte, weil sie berühmt, weil sie reich oder weil sie eine Verbrecherin wäre. Jede dieser Eigenschaften wird ihm vielleicht einen Reiz mehr bedeuten, aber niemals den eigentlichen Anlaß, eine Frau zu lieben. Es ist eine Eigentümlichkeit der Frauen, daß auch ein *Begriff* genügt, um ihre Sinne zu entflammen.

Nicht Übermaß an Vertrauen, sondern Schwäche der Phantasie macht es dem Manne so schwer, an die Untreue eines geliebten Wesens zu glauben.

Ein tragikomisches Schicksal: sein Leben zerstört zu wissen und niemand haben, an dessen Brust man sich darüber ausweinen möchte als allein das Wesen, von dem es zerstört wurde.

In Hinsicht auf Liebesschulden gilt die Regel: lieber verfallen lassen als zu spät einkassieren.

Wenn Treue nicht ein Gegengeschenk ist, dann ist sie die törichteste aller Verschwendungen.

Es gibt keine erotische Beziehung, in der von den Liebenden die Wahrheit nicht immer gefühlt und nicht immer wieder jede Lüge geglaubt würde.

So vertraut darfst du dich mit keiner Geliebten glauben, daß du ihr deine geheimsten Regungen gestehen dürftest. Und wenn du es dennoch tust, so sei gewiß, daß sie sich rächen wird, entweder, indem sie dir die ihren gleichfalls gesteht – oder indem sie sie dir verschweigt.

Du wirst deine Geliebte erst dann richtig beurteilen können, wenn du dich als denjenigen zu denken vermagst, der dein Nachfolger sein wird.

Es bedeutet zuweilen einen schlimmeren Betrug an der Geliebten, sie selbst, als eine andere in den Armen zu halten.

Fällt von einem immer noch geliebten Wesen der Zauber des Geschlechts allmählich für dich ab, so erlebst du zuweilen das neue Wunder, daß das Kind wieder vor dir steht, das jenes Wesen war, bevor du es als Frau umarmtest, und du liebst es besser als zuvor.

Das Gefühl der Sicherheit verzeihen uns die Frauen noch viel weniger als das des Mißtrauens. Denn mit dem Mißtrauen beleidigen wir nur ihre Ehrlichkeit, mit der Sicherheit ihre Verführungskraft und ihre Empfindungsfähigkeit.

Nicht das Geld imponiert den Frauen, sondern nur daß wir sie manchmal damit kaufen können.

Zänkereien in einem Verhältnis stammen in letzter Linie doch immer aus den Voraussetzungen, auf denen es aufgebaut ist.

Nichts Süßeres als der Blonden Kuß von einer Braunen sich wegküssen lassen.

Welcher Mann hat mehr Berechtigung, eifersüchtig zu sein; der, dem seine Frau gesteht, sie möchte gern einem andern angehören, oder der, dessen Frau bewußtlos von einem andern besessen ward?

Er hat Glück bei Jungfrauen und solchen, die es gerne wieder werden möchten.

Liebe ist eine durch sexuelle Krisen unterbrochene, aber zugleich geförderte Feindschaft...
Eine peinliche Abwechslung von Beunruhigung und Langeweile.

Zu meinen Geliebten, sagte er, stand ich in höchst verschiedenem Verhältnis: die meisten waren mir gleichgültig, einige waren mir aber antipathisch; gehaßt habe ich nur eine, die war die große Leidenschaft meines Lebens.

Du ahnst gar nicht, in wie großer Gesellschaft du dich manchmal befindest, auch wenn du mit deiner Geliebten allein zu sein glaubst. Viele sind mit euch, von denen du nichts weißt: ihre vergangenen – viele, von denen sie selbst nichts weiß: ihre zukünftigen Liebhaber.

Jemand zu seiner Geliebten: Es gibt einen metaphysischen Beweis dafür, daß die Untreue der Frauen schwerer zu nehmen ist als die der Männer.
Wenn ich mir etwa eine Untreue zuschulden kommen ließe, könnte ich sie mir ohneweiters verzeihen. Dir nie.

Keinem sollst du dankbarer sein als dem Mann, der die latente Untreue deiner Geliebten in einen echten Betrug verwandelt und so die Spannung löst, an der euere Beziehung sonst langsam dahinsiechen müßte.

Dialog.
Eigentlich liebe ich nur dich.
Eigentlich–?! so bist du mir untreu?!

Es gehört zu den Alterserscheinungen – um seiner künstlerischen Berühmtheit willen geliebt zu werden.

Es ist noch nicht entschieden, was törichter ist: seine Geliebte zu seiner Frau oder seine Frau zu seiner Geliebten zu machen.

Alles kann Verführung sein; Gleichgültigkeit, Leidenschaft, ja Schimpf so gut wie Schmeichelei, denn die Verführung ist nie etwas anderes als die Lust, verführt zu werden.

Die Frauen hassen unsere Kunst, denn sie fühlen wohl, daß sie uns von ihrer Macht befreit. Ab und zu aber gibt es eine Edle, die uns und unsere Kunst eben um dieser Befreiung willen liebt.

Es gehört mit zu den erotischen Bedürfnissen mancher Frauen, daß ihre Freundinnen Erlebnisse haben.

Manchmal ist mir, als kräuselten sich die Wellen deiner Seele; wird's aber ruhig, so seh' ich die Schlingpflanzen auf dem Grunde daliegen, glatt, schleimig und faul.

Die sonderbare Lust, sich mitten im Taumel einer großen Liebe in die Arme einer andern zu stürzen.

Ein glühender Liebhaber war er nur, wenn er nicht liebte.

Was uns so oft an mancher Frau abstößt, ist der Gedanke an den Mann, der sie verlangt.

Die Frau empfindet es als Triumph, wenn sie der früheren Geliebten des Mannes begegnet; der Mann als Schmach, wenn ihm der frühere Geliebte seiner Frau erscheint.

Man muß sich mit einer Frau auch in Ideen oder Kunstwerken ein Stelldichein geben können, und wehe, wenn sie auch da zu spät kommt oder gar dich ganz aufsitzen läßt.

O wir Psychologen! Oft genug bringen wir selbst im Herzen eines geliebten Wesens Keime zum Blühen, deren Vorhandensein sie nicht ahnte. Unsere Eitelkeit läßt es nicht zu, daß wir ihr verschweigen, was in ihr vorgeht; dann fühlt sie selbst, daß wir Recht haben, und damit ist der erste Stoß gegeben.

Es gibt Frauen, die etwas Elementares sind wie die Erde.
Es ist ihnen alles gleich wichtig. Der Schmerz über einen verlorenen Geliebten, über ein verlegtes Schmuckstück wirkt auf gleiche Weise. Sie haben dieselben Worte, dieselben Empfindungen dafür. Es fliegt in ihre Seele alles mit gleicher Schwere hinein wie die Erde alles mit gleicher Kraft anzieht. Sie haben auch Recht wie die Elemente. Sie ahnen, daß Beziehungen etwas Zufälliges sind. Schmerz bleibt Schmerz, Freude Freude.

An was für Frauen hast du deine Jugend, deine Kraft verschwendet? An Frauen, denen jeder Stallknecht dasselbe oder mehr hätte geben können. Bewahre dich auf, damit dich bei Frauen, die gerade dich als Persönlichkeit wollen, kein Stallknecht aus Prinzip ergänzen muß.

Sie hatte ihm einen Dolchstich versetzt; doch es war nur im Übermut gewesen. Als er daran beinahe verblutet wäre, nahm sie es ihm wohl anfangs ein wenig übel, doch gutmütig wie sie war, verzieh sie es ihm wieder. Nachher aber bekam er Herzklopfen, sein Puls ging immer schneller, und der Frost warf ihn hin und her. »Wie«, rief sie aus, »hast du nicht am Ende Fieber?« – »Ich glaube fast«, bemerkte er schüchtern. »Was du für ein empfindlicher Mensch bist«, meinte sie, ihm milde die Stirne streichelnd, »ich habe mich von dem kleinen Zwischenfall längst erholt.«

Sie hatte eine etwas beunruhigende Art, so z. B. bemerkte sie gelegentlich: »Gestern abend war ich in einer Stimmung – die Sommerluft, der Sternenhimmel – ach, jeder hätte mich gestern haben können. Aber leider war keiner da.«
Unsinn – Interessantmacherei; ist ja alles nicht wahr. Vor allem – daß keiner da war.

»Ja, gnä Frau, die G'schicht' is halt die: Sie müßten g'haut wer'n.«

Ob wir einen Menschen, von dem wir uns abgewandt haben, allein zurücklassen oder einsam, das ist eine Sache unseres Herzens. Wir müssen ihm zum Abschied mindestens die Fähigkeit hinterlassen, sich andern Menschen anzuschließen, ja in ihrer Gesellschaft Trost zu finden – und wäre es selbst auf Kosten der guten Meinung, die er von uns gehabt oder des Gefühls, das er für uns gehegt hat.

Liebe kommt nicht immer aus dem Gefühl, sondern, öfter als der Liebende selbst ahnt, aus dem Willen, aus der Güte oder aus dem Bewußtsein einer Mission.

Es ist ziemlich geschmacklos, von der Treulosigkeit seiner Geliebten zu sprechen. Aber taktloser noch ist es, über ihre Treue zu witzeln. **

Wenn dich die Lust ankommt, in deiner Vergangenheit umherzuwandeln, laß dich niemals von einer Frau begleiten, deren Liebe du dir bewahren willst. Ehe du dich dessen versiehst (ja ohne daß du es recht gemerkt hast), ist sie dir in eine Zukunft entflohen, die nicht dir gehört.

Wahrhaft ungütig sind wir nur gegen Menschen, von denen wir wissen, daß sie uns niemals verloren gehen können.

Auch denen, die uns lieben und verehren, wird nicht eher in unserer Nähe wohl, als bis sie entdeckt haben, wo wir sterblich sind.

Daß du ihn völlig durchschautest, das hat dir noch keiner verziehen, er mag noch so gut dabei weggekommen sein.

Wie oft – bei uns noch öfter als bei andern – halten wir für Stärke des Charakters, was am Ende doch nichts anderes ist als Schwäche des Gefühls.

Keinen Anlaß zur Lüge haben, heißt noch nicht: aufrichtig sein.

Erinnerungsfälschung, das ist die ohnmächtige Rache, die unser Gedächtnis an der Unwiderruflichkeit alles Geschehens nimmt.

Wer deine bittersten Feinde sind? Unbekannte, die ahnen, wie sehr du sie verachten würdest, wenn du sie kenntest.

Horch' auf die Verleumder, so wirst du die Wahrheit über dich erfahren.

Es ist minder leichtsinnig, sich in finanzielle, als in ethische Schulden zu stürzen. Dort gibt es Rettung: Haupttreffer, Erbschaften, neue Quellen des Verdienstes; wer einmal zu gut war, ist bankrott auf Lebenszeit.

In einer Atmosphäre von Feindschaft läßt sich leben; Mangel an Wohlwollen ist schlimmere Luft.

Dies ist die schmerzlichste *Sehnsucht:* die nach einem Menschen, der dir völlig zu gehören meint und den du nach deinem eigenen Gefühl doch nicht völlig besitzest; und dies die schmerzlichste Trauer: die um einen Menschen, der lebendig in deiner Nähe wandelt und dir schon lange gestorben ist, ohne daß er es weiß.

Menschliche Beziehungen aller Art sind dem Los des Absterbens geradeso unterworfen, wie das einzelne Individuum. Aber daß solche tote Beziehungen so selten rechtzeitig begraben werden und in freier Luft verwesen, das hauptsächlich ist es, was die Atmosphäre der Gesellschaft, ja der Welt, mit so üblem Dufte erfüllt.

Ob es nicht vielleicht höchst vernünftige Menschen gibt, die sich mit Absicht in die undurchdringliche Einsamkeit der Verrücktheit zurückziehen, um alle Fäden zwischen sich und den Menschen abzuschneiden?

Wir sagen von einem, daß er ein Doppelleben führe; führt er nicht manchmal gerade erst ein ganzes, ein wirkliches, also sein eigenes Leben dadurch, daß er scheinbar zwei verschiedene Leben führt? Und wie viele führen ein halbes Leben, weil sie nicht den Mut haben, ein ganzes zu führen, das anderen wie ein Doppelleben erschiene.

Bestechlichkeit im weitesten Sinn ist eine allgemein menschliche Eigenschaft; ja, menschliche Beziehungen sind überhaupt nur dadurch möglich, daß wir alle in einem geringeren oder höheren Grad bestechlich sind. Wo wir Liebe, Gunst, Sympathie, ja nur Höflichkeit spüren, sind wir im Grunde schon bestochen, und unser Urteil ist daher niemals völlig objektiv und ist es umso weniger, je mehr wir uns bemühen, unbestechlich zu bleiben.
Die Bestechlichkeit gibt sich keineswegs im rein Persönlichen aus, auch ein Werk, eine Tat, eine Geste kann uns schmeicheln, sei es indem sie unsere Eigenliebe, unsere Ansichten oder unser Weltgefühl bestätigt.
Erst dort, wo wir die Bestechlichkeit der andern wissentlich zu unserm persönlichen Vorteil oder gar zum Nachteil eines andern ausnützen, ist sie vom Übel, aber die Schuld liegt dabei mehr an uns als an dem, von dessen Bestechlichkeit wir profitieren.

Begriffe wie schmarotzen, bestechen, erpressen werden meist nur im materiellen Sinne verstanden. Aber gibt es nicht Schmarotzer an unserem Wesen, die gefährlicher sind als solche an irdischem Gut? Werden nicht listigere, ja heimtückischere Bestechungen verübt als solche durch Geld und Geldeswert? Und sind die schlimmsten Erpressungen nicht solche, die an unseren Gefühlen versucht oder begangen werden?

Das wichtigste im menschlichen Verkehr bleibt immer: die Leute bei schlechtem Gewissen zu erhalten.

Klugheit und Güte ziehen es vor, ohne Maske aufzutreten.

Eitelkeit ist oft nur ein Ausdruck für das physiologische Bedürfnis des Organismus nach Aufmunterung.

Wie einsam du zeitlebens gewesen bist, das kannst du nie völlig erfassen und wirst es nie, – es sei denn, du vermöchtest als Dahingeschiedener in die Seele eines Menschen zu schauen, dem du vor allen lieb gewesen bist. Dann würdest du erfahren, wie sich auch in dieser treuesten Seele der Gedanke, du könntest wiederkehren, aus der Sehnsucht nach einem Wunder ohnegleichen allmählich, doch unaufhaltsam, von Jahr zu Jahr, von Tag zu Tag, in grausame Schauer der Angst wandelt.

Schmerzlicher, als daß wir niemals die Wahrheit zu hören bekommen, ist, daß wir sie auch beim besten Willen niemals aussprechen können. Denn was wir auch sagen, der andere hört ja die Wahrheit nicht, die wir ihm vermitteln wollten. Was von unseren Lippen kam und was in des anderen Seele dringt, ist niemals das gleiche. Es ist schon im nächsten Augenblick nicht dasselbe mehr: es kommt auf so viel an, was mit deiner Wahrheit und mit deiner Wahrheitsabsicht nichts mehr zu tun hatte: es kommt darauf an, was der andere hören wollte, wie er zu dir steht und so weiter.
Und die Wahrheit um ihrer selbst willen ist kein Wert, so wenig wie ein Geldstück in einem Land, wo es keinen Kurs hat.

Während wir träumen, sind wir da nicht vielleicht Gespenster in den Träumen der andern?

Tage von verschiedener Helle, Nächte von verschiedenen Tiefen.

Je näher Menschen einander stehen, ein umso schlechteres Gewissen pflegt einer dem andern gegenüber zu haben, nicht so sehr um das, was er jenem andern Übles getan hat oder ihm zu tun imstande wäre, als vielmehr um das, was er im Grunde seiner Seele über ihn denkt.

Auch widerwärtige Eindrücke lassen sich genießen.

Die Leute sind am schlimmsten dran, die mehr Temperament haben als Mut.

Wie oft halten wir für Unversöhnlichkeit der Ansichten, was nichts anderes ist als Verschiedenheit der Temperamente.

Welch ein Lebenskünstler. Er wußte sich eine trügerische Ferne zu verschaffen, indem er die Welt durch ein verkehrtes Opernglas betrachtete, und schon war auch das wunderbare Gefühl der Sehnsucht da.

Die Norm in ihren menschlichen Erscheinungsformen ist immer mehr geneigt, sich dem Negativen als dem Positiven zu nähern. Wenn wir von dem Menschen als solchem sprechen, so wissen wir, daß er eher feig ist als mutig, eher gemein als edel, eher bös als gut.

Wir verurteilen eine Tat des Jähzorns, der Rache; aber den, der sie beging, nennen wir manchmal entschuldigend einen Sklaven seiner Leidenschaft. Warum nennen wir nicht den einen Sklaven seines Phlegmas, der eine gute oder sogar notwendige Handlung aus Trägheit unterließ? Ist nicht jeder der Sklave seines angeborenen Temperaments? Nicht um Gegensätze, um Gradunterschiede handelt es sich. Kälte und Hitze sind keine Gegensätze, und den Nullpunkt haben wir nach eigenem Willen hingesetzt.

Zwischen der Drohung, dir bei Unterlassung einer geforderten Leistung Schaden zuzufügen oder dich zu verleumden und dem vielleicht kaum bewußten Entschluß, dir einen wohlverdienten Vorteil, auf den du Anspruch hast, zu unterschlagen oder ein günstiges Wort, das dir gebührt, zu unterdrücken, weil auf Gegenleistung irgendwelcher Art von deiner Seite nicht zu rechnen – zwischen diesen Extremen liegen nur graduelle Unterschiede, die durch das Maß der Verwegenheit eher bestimmt werden als durch die Höhe der Moral. Es gibt auch Erpresser, die ohne Hände geboren wurden.

Urworte, Orphisch
  Die Kennworte des Wieners:
  Wie komm denn i dazu?
  Es zahlt sich ja net aus!
  Tun S' Ihnen nix an.

Haß, Neid, Rachsucht verbinden zwei Menschen oft unlöslicher miteinander als Liebe oder Freundschaft es jemals zu tun vermögen. Denn Gemeinsamkeit innerer und äußerer Interessen und die Freude an dieser Gemeinsamkeit – worin vor allem das Wesen der positiven menschlichen Beziehungen, Liebe und Freundschaft, beschlossen ist –, ist immer nur relativer Natur und in keinem Falle ein kontinuierlicher Seelenzustand; die negativen Beziehungen aber sind meist absolut und dauernd. Der Haß, der Neid und die Rachsucht, so könnte man sagen, haben einen leiseren Schlaf als die Liebe. Der geringste Hauch weckt sie auf, während Liebe und Freundschaft auch bei Donner und Blitz ruhig weiter schlafen.

Man mag die Menschen noch so sehr verachten, es läßt sich schwer ohne Leute leben.

Hüte dich vor schlechter Gesellschaft, aber vergiß nicht, daß, wenn du die Einsamkeit erwählst, du dich nicht stets in der besten befindest.

Weiche hundert Schritte ab vom gebahnten Pfad und du findest dich allein. Und wenn du einem begegnest, weißt du nicht, ob er die Einsamkeit sucht wie du oder auf Raub ausgeht.

Hüte dich vor dem Augenblick, da du anfängst, auf deine Einsamkeit stolz zu werden; im nächsten schon wacht die Sehnsucht nach Menschen in dir auf.

Wir reden um unsere Gedanken herum, weil wir keinen Gedanken in Worten völlig auszudrücken vermögen, sonst wäre die Verständigung – mindestens zwischen Verständigen – längst erfolgt. Aber wir denken auch um die Worte herum, und das ist das Bedenkliche. Hätten wir die Kraft oder den Mut oder die Möglichkeit, von den Worten vollständig wegzudenken, wir wären weiter, als wir sind.*

Wer vertraut, wird nur manchmal betrogen; wer mißtraut in jedem Falle: wenn man ihn betrügt und er es weiß – so gut, wie wenn man ihn nicht betrügt, und er sich betrogen glaubt.

Teuer genug hat der Mißtrauische die Genugtuung bezahlt, daß er sich niemals durch die Aussicht auf ein falsches Glück betrügen ließ – wenn er sich auch nur ein einziges Mal um ein wahres betrogen hat.

Wie schwer, wie undankbar ist es, gegen einen Menschen völlig wahr zu sein, den wir schon durch die halbe Wahrheit zu verlieren in Gefahr schweben.

Man spricht oft von unbewußter Verlogenheit gewisser Menschen. Doch Verlogenheit, die nicht bewußt ist, ist überhaupt keine. Es ist eine zwangshafte, im innersten Wesen begründete Komödienspielerei im Großen oder im Kleinen.

Sich durchschauen zu lassen – das ist keineswegs immer Gleichgültigkeit oder Unvorsichtigkeit. Oft ist es nur eine vornehme Geste, wenn nicht gar die feinste Art, die Menschen irre zu führen.

Das Geheimnis menschlicher Beziehungen liegt in etwas Tieferem als in den Eigenschaften der Menschen; denn die Eigenschaften können einander abstoßen – und die Beziehung findet doch statt. Es liegt sogar tiefer als in der Persönlichkeit; denn es können sich sogar die Persönlichkeiten gegenseitig ablehnen, und die Beziehung bleibt bestehen. Das Geheimnis liegt einzig im Eros (nicht im Erotischen), der daher als der oberste und weiteste Begriff zu gelten hat.

Im Leben jedes Menschen erscheinen die ihm zugehörigen Typen: Vater, Mutter, Freund, Verräter, Freundin, Geliebte immer wieder unter den verschiedensten Gestalten.

Man sollte sich hüten, Witze von der anderen Seite anzusehen oder auch nur weiterzudenken. Man ahnt nicht, wie traurig sie werden. * * *

Krankheit – entwürdigend und vereinsamend. Anfangs ein Fremdes, dann besitzergreifend – umschließend.

Der Immune ist im gewissen Sinn auch ein Ausgeschlossener.

Wenn sich der Tod, zwar unaufhaltsam wie stets, doch mit abgewandtem Antlitz uns nähert, so sprechen wir von Genesung.

Gibt es ein Ohr so fein, daß es die Seufzer der welkenden Rose zu hören vermöchte?

Widerwärtig nennen wir das Traurige, dem es nicht vergönnt ist, sich auf irgendeine Weise in Schönheit aufzulösen.

Ein Haufen von unbeglichenen Rechnungen – von solchen, deren Bezahlung man uns schuldig blieb und solchen, die wir nicht begleichen konnten – das ist am Ende die Bilanz unseres Lebens.

Was unsere Seele am schnellsten und am schlimmsten abnützt, das ist: verzeihen ohne zu vergessen.

Eher holst du den Vogel im Flug ein, als Liebe, die flieht.

POLITIK UND KRIEG

Politik, das ist die Freistatt, wo Verbrechen, die sonst Gefängnis oder Tod zur unvermeidlichen Folge hätten, wo Verrätereien, die sonst zu flammender Empörung aufriefen, wo Lügen, die sonst im allgemeinen Hohngelächter untergingen, nicht nur von diesen sonst natürlichen Konsequenzen bewahrt zu bleiben pflegen, sondern wo all diese Verbrechen, Verrätereien und Lügen als durchaus natürliche, wenn nicht gar rühmenswerte Bestätigungen der menschlichen Natur angesehen werden. Das Schlimmste aber ist, daß nicht nur politische Gesinnungsgenossen, sondern daß die gesamte Öffentlichkeit, ja daß selbst die politische Gegnerschaft bei solchen Gelegenheiten eine so milde Auffassung walten läßt, wie man sie Menschen gegenüber niemals aufzubringen imstande ist, welche Schurken sind ohne politischen Vorwand, auf eigene Rechnung und Gefahr.

Politische Überzeugung? – Das ist oft nichts anderes, als die bequeme Larve, hinter der ein Lump seine widerliche Fratze verstecken möchte, um unter dem Schutz der Maskenfreiheit auf dem politischen Faschingsrummel, den wir am Aschermittwoch Weltgeschichte zu nennen lieben, ungestraft oder gar bejubelt sein feiges Unwesen zu treiben.

Was wir für gewöhnlich Lüge zu nennen pflegen, ist meist nur ihre mildeste und harmloseste Form. Die echte, die wahrhaftige Lüge, wenn man so sagen darf, hört auf ganz andere, viel vornehmere Namen, und sie fühlte sich kaum getroffen, wenn man sie einfach als Lüge bezeichnete; – so wie manche Gauner und Mordgesellen der Politik kaum den Kopf wendeten, wenn sich jemand einfallen ließe, sie so anzurufen, wie sie es verdienten, da sie ja vielmehr Anspruch zu erheben pflegen, in die Weltgeschichte als Staatsmänner oder Helden Einzug zu halten.

Je entschiedener eine politische Partei zur Macht gelangt, umso kläglicher verflüchtigt sich die *Idee,* in deren Zeichen sie den Sieg errang und als legitime Erben gebärden sich die entarteten Bastarde der Idee: die *Dogmen.*

Es gibt keine Art von politischer Überzeugung im parteimäßigen Sinne – auch nicht von der ehrlichsten – die nicht mindestens mit einer Wurzel in das durstige Erdreich der Beschränktheit hinabreichte.

Um einer Partei anzugehören, ist eine gewisse Portion Einfalt unerläßlich. Vernünftige Leute, die den Standpunkt ihrer Partei bis in die letzten Konsequenzen zu vertreten versuchen, erwecken immer den Eindruck, als seien sie konfus oder unehrlich geworden.

Nicht auf Gesinnung kommt es an, sondern auf Anschauung. Die Leute mit der Gesinnung waren immer diejenigen, die den Holzstoß angezündet haben für die Leute mit der Anschauung.

Es ist schwer zu entscheiden, wann sich die Dummheit in Schurkerei und wann die Schurkerei sich in Dummheit verkleidet hat. Darum wird es immer schwer sein, die Politiker gerecht zu beurteilen.

Manche meinen, daß sie eine Weltanschauung haben, und sie haben doch nur eine fixe Idee, im besten Fall ein Vorurteil, sei es ein politisches, sei es ein religiöses – kurzum gerade das, was eine Weltanschauung ausschließt.

Es gibt dreierlei Arten von Politikern: solche, die das Wasser trüben, solche, die im Trüben fischen, und solche – die begabten –, die das Wasser trüben, um im Trüben zu fischen.

Stets wird es die Politik sein, von der die Atmosphäre eines Landes bestimmt wird, nicht Wissenschaft und Kunst. Denn die Politik bedeutet ein kontinuierliches Element, sie hängt dauernd über unserem Haupte wie der Horizont, über den die Wolken laufen, sie ist da, ob wir es nun wahr haben wollen oder nicht, so wie das Klima immer da ist, auch wenn wir nicht gerade frieren oder ein Gewitter herannahen fühlen. So bedarf es stets eines äußeren Anlasses und einer inneren Bereitschaft, um der Segnungen von Kunst und Wissenschaft mit unserem ganzen Wesen teilhaft zu werden: selbst wenn wir ein Lieblingsgemälde in unserem Zimmer hängen haben, als Kunstwerk wirkt es doch nur so lange auf uns ein, als wir es bewußt betrachten; und auch wenn ein Fernrohr auf unserem Dache steht – der Lauf der Sterne erschüttert uns doch nur so lange, als wir den Blick zum Himmel heben.

Was das Leben so mühevoll und oft so hoffnungslos macht, das ist nicht einmal die Existenz des Unsinns und der Lüge in all ihren Formen und Graden; – das Schlimmere ist, daß wir immer wieder genötigt, ja manchmal sogar geneigt sind, uns mit dem Unsinn auseinanderzusetzen, als wenn ihm ein Sinn zu eigen – und mit der Lüge zu paktieren, als wenn sie guten Glaubens oder gar die Wahrheit selber wäre.

Es liegt im Wesen der Politik, daß sie durchaus zweckhaft gerichtet sein muß, daß also ethische Motive, so häufig solche auch vorgeschützt werden, überhaupt nicht in Frage kommen dürfen. Daß innerhalb einer solchen Atmosphäre absolute und dauernde, daß geistige oder sittliche Werte niemals in ihr gedeihen können, – wer könnte daran zweifeln. – Unter den Politikern selbst wird es kaum einen geben, der sich der Komödie nicht bewußt wäre, die er mit größerem oder geringerem Talent, je nachdem in verwegener, leichtfertiger, törichter oder witziger Art, seiner Partei, seinem Vaterland, ja der gesamten Menschheit berufsmäßig vorzuagieren verpflichtet ist; und auch das Publikum merkt es oft genug. Das Unglück ist nur, daß von dieser politischen Atmosphäre aus nach physikalisch-spirituellen Gesetzen eine Vergiftung auch der angrenzenden geistigen Luftschichten mit Notwendigkeit stattfinden muß, daß solchermaßen die Verwirrung aller Moralbegriffe vom politischen Horizonte aus, der über der gesamten Kulturmenschheit dunstet, sich immer weiter verbreitet, und daß dieser Vergiftung kein Mensch, insofern er Staatsbürger, also politisches Geschöpf ist, sich vollkommen zu entziehen vermag. Und mancher gibt sich ihr vielleicht umso williger hin, als er in dieser politischen Benommenheit sich mancher Verantwortlichkeiten entledigt sieht, sowohl intellektueller als moralischer Natur, die ihm als privatem Individuum das Leben zu erschweren geeignet waren.

Es hat noch niemals eine Idee gegeben, weder eine philosophische noch eine religiöse, die tatsächlich eine allgemeine, seelische Umwälzung hervorgerufen hätte. Immer, auch im Gefolge der bedeutendsten Ideen, sind nur politische, technische und ökonomische Veränderungen erfolgt. Denn seelische Umwälzungen geschehen immer nur beim einzelnen, unter gewissen Umständen innerhalb kleiner Gruppen; niemals bei ganzen Völkern oder gar bei der Menschheit. Auch das Christentum, was man auch sage, hat sich seit seinem Bestande seelisch immer nur für den einzelnen, – für die Gesamtheit hat es sich ausschließlich politisch ausgewirkt, und es liegt nun einmal im Wesen der Politik, alle übrigen seelischen Elemente zu trüben, mit denen sie in Berührung kommt.

Politische Diskussionen geraten darum so leicht ins Uferlose, weil unter der Bezeichnung eines Landes bald dessen Regierung, bald dessen Bevölkerung, bald der Staat, vielmehr der Begriff Staat als solcher, verstanden wird. Denn der Staat als Begriff bedeutet etwas anderes als die Bevölkerung, die ihn zusammensetzt, und etwas anderes als die Regierung, von der er geleitet wird. Er ist etwas zwischen Physischem und Metaphysischem, zwischen Wirklichkeit und Idee.

Zu ähnlicher Unfruchtbarkeit, wie die politischen Diskussionen, sind im allgemeinen auch die über Religion verurteilt, da bald die Dogmen, bald das Rituale, bald das individuelle Verhältnis des einzelnen zu den sogenannten ewigen Fragen, zu Unendlichkeit und Ewigkeit, zu den Problemen des freien Willens und der Verantwortung, oder wie man sich auch ausdrückt: zu Gott, unter Religion verstanden werden.

Und wieder ähnliches ergibt sich bei den Gesprächen über das meiste andere Begriffliche, über Ethik vor allem und über philosophische Themen, doch auch über enger gefaßte Definitionsmöglichkeiten näherer Probleme, wie z. B. über Sozialismus, Kapitalismus, Aristokratie, Demokratie usw., wo die Begriffe bald weiter, bald enger, bald in konkreter, bald in abstrakter, bald in physischer, bald in metaphysischer Bedeutung gefaßt werden; – ja, die meisten Unterhaltungen über all diese Dinge scheinen manchmal überhaupt nur dadurch möglich zu werden, daß kein Begriff mit völliger Schärfe umschrieben wird, kaum umschrieben werden kann, ja, daß man sich geradezu hütet, die Grenzen mindestens so scharf zu ziehen, als es immerhin denkbar wäre. Denn öfter als man glaubt ist bei solchen Diskussionen das

Primäre nicht das Bedürfnis nach Wahrheit, sondern die Neigung zu streiten.

Wenn du es dir einfallen läßt, Abschätziges über einen Stand zu äußern, werden sich immer seine übelsten Vertreter getroffen fühlen und, um es nicht merken zu lassen, dich als den Verleumder von andern anzuklagen versuchen, die zu treffen niemals deine Absicht war.

Allzuviel Seelenkraft verschwendet oft der ehrliche Bekenner an die leidenschaftliche Bekämpfung von Ansichten, an die manche von denen im Innersten gar nicht glauben, die sich als ihre Anhänger, ihre Verfechter, ja gelegentlich als ihre Märtyrer aufspielen. So ist – wie in den meisten anderen menschlichen Beziehungen – auch in der Politik der innerlich Unbeteiligte dem innerlich Beteiligten gegenüber stets im Vorteil. Denn während für jenen auch eine Niederlage gewissermaßen nur sportliche Bedeutung beansprucht, setzt der innerlich Beteiligte in jedem Fall sein ganzes Wesen für seine Überzeugung ein, zahlt auch als Sieger immer noch einen höheren Preis als der andere und verliert mehr und Besseres als der andere jemals verlieren könnte.

Diejenigen Tugenden werden am lautesten gepriesen, zu deren Ausübung weder Gedankenarbeit noch Energieentfaltung, noch Selbstüberwindung gehört, vor allem also diese beiden: Patriotismus und Gottesfurcht. Sollte die Vermutung nicht gerechtfertigt sein, daß sie an sich überhaupt gar keine Tugenden bedeuten, sondern nur von denjenigen Instanzen dazu gestempelt wurden, die von dieser Auffassung den augenfälligsten Vorteil haben: vom Staat und von der Kirche?

Die äußere Politik hat ihre Dogmen, wie die Religion; sie heißen Macht, Grenzerweiterung und Prestige. Aber so wie die wahrhaft Frommen nicht eben unter den Buchstabengläubigen, so werden die besten Patrioten kaum je unter den Politikern zu finden sein.

Nicht dort hassen die Menschen am unversöhnlichsten, wo ihnen die triftigsten Gründe dazu geboten sind, sondern dort, wo die Betätigung ihres Hasses mit der verhältnismäßig geringsten Gefahr für sie selbst verbunden ist oder ihnen sogar Vorteil, Gewinn und Ehre zu bringen vermag. Da in solchen Fällen die wirklichen Motive des Hasses: Minderwertigkeitsgefühle und Neid, nicht gern eingestanden, ja häufig genug nicht einmal bewußt werden, nimmt man zu Vorwänden seine Zuflucht, als welche auch die lächerlichsten und verlogensten gut genug zu sein pflegen. So werden besonders gern die etwa vorhandenen schlechten Eigenschaften der Menschen übertrieben, die zu hassen man sich entschlossen hat, es werden nicht vorhandene Eigenschaften dazu erfunden, ja, damit dem Haß nachträglich noch ein Schein von Berechtigung verliehen werde, und gewissermaßen automatisch werden in den gehaßten Personen schlechte Eigenschaften künstlich gezüchtet.
Da aber dieses Verfahren immerhin Mühe, Zeit und manchmal beinahe Verstand erfordert, hat sich die höchst bequeme Methode herausgebildet, irgendwelche Bezeichnungen, die ursprünglich nur kategorisierend gemeint eine bestimmte Partei, eine bestimmte Nationalität, eine bestimmte Rasse bedeuteten, in herabsetzendem, höhnendem oder gar beschimpfendem Sinne zu gebrauchen. Und mit Vorliebe wird diese primitive und kläglichste Form der Polemik in der Politik angewandt, nicht nur um dem eigenen Haß in bündiger Form Ausdruck zu verleihen, sondern auch um die Haßinstinkte bei anderen zu entfesseln, zu fördern und zu eigenen Gunsten auszunützen. * * *

Feindselige Strömungen einer Minderzahl entwickeln sich immer dann, wenn eine Mehrzahl fühlt, daß sie durch die geistige Überlegenheit der Minderzahl in die Gefahr gerät, diejenigen Vorrechte zu verlieren, die sie ausschließlich ihrer ziffermäßigen Überlegenheit zu verdanken hatte.

Gewisse Epochen lassen ihre ganze Grauenhaftigkeit besonders darin erkennen, daß innerhalb ihrer zum größten Unrecht werden kann, was sonst das erste Gebot aller Sittlichkeit scheint, nämlich: die Wahrheit auszusprechen.
Epochen, in denen die Wahrheit nicht nur gefährlich werden kann für diejenigen, die sie aussprechen, sondern auch für diejenigen, die sie hören, sind im Innersten ungesund.

Wie lächerlich wäre ein Mensch, der sich über den Falschspieler in einer Partie entrüstete, zu deren erlaubten Spielmethoden, ja zu deren Spielregeln auch Betrug gehört und wo auch der ehrliche Spieler es manchmal darauf anlegt, für einen Betrüger gehalten zu werden, um so die Partner umso sicherer hineinzulegen. Und doch – gleichen wir nicht alle diesem naiven Kiebitz, die wir neugierig und erregt um die grünen Tische der Politik herumstehen und den Spielern zuschauen, die einander zum Besten halten oder tun, als ob sie einander zum Besten hielten – ohne daß es ihnen weiter zum Schaden gereichte – da doch die Kiebitze es sind, die die Spieldifferenzen und überdies noch die ganze Zeche zu zahlen haben?

Irgendwo in der Welt steht eine verkorkte Flasche. Darin wirbelt, zuckt, brodelt es in steter Bewegung. Und überall ist große Angst, daß die Flasche zerspringen und der glühend flüssige Inhalt sowie die fliegenden Splitter viel Unheil anrichten könnten. Nach einem merkwürdigen Gesetz aber ist das Recht, diese Flasche zu entkorken, nur einer bestimmten Gruppe von Leuten anheimgegeben, und die Gefahr des Verletzt- und Getötetwerdens durch den ausströmenden Inhalt der Flasche steigt um so höher, je entfernter von der Flasche man sich aufhält. So daß gerade diejenigen, die sich um das Gebrodel und Gezische am wenigsten kümmern und denen es gleichgültig ist, ob die Flasche entkorkt wird oder verschlossen bleibt, viel schwererem Leid durch die Entkorkung ausgesetzt sind als jene anderen.

Es als Tugend auszurufen, daß sich Menschen zusammengehörig fühlen – das war der geniale Einfall eines Mächtigen, der eine Garde brauchte.

Sich selbst aufopfern, das könnte am Ende auch eine geringe oder gar lächerliche Idee zu einer großen oder edeln machen. Andere opfern, insbesondere ohne eigene Gefahr, macht auch die größte Idee zu einer geringen, wenn nicht gar zu einer Infamie.

Die Verschwörung der Völker gegen die Mächtigen ist ein gelegentlicher Vorgang, die Verschwörung der Mächtigen gegen die Völker der reguläre Zustand der Welt. Auch während des blutigen Krieges fühlt sich der König, wenn auch manchmal unbewußt, dem andern König, mit dem er im Krieg steht, näher und verwandter als seinem Stallmeister, seinem Minister oder selbst seinem Adjutanten.

Niemals ist wirklich für eine Idee Krieg geführt worden; weder für eine nationale noch für eine religiöse. (Das läßt sich nicht nur in diesem Krieg nachweisen). Aber die Ideen werden immer vorgeschützt, als Banner vorangetragen, sozusagen als Fahnen der Seele. Man kann natürlich jede Phrase zu einer Idee ernennen. Dies gehört zu den Hauptaufgaben des Politikers, der das Gleichgewicht auch dadurch wiederherstellt, daß er aus jeder Idee eine Phrase macht.

Welcher Tod ist der beneidenswertere Heldentod? Der durch eine gezielte oder durch eine abgeirrte Kugel? Der durch Flecktyphus oder durch eine Granate? Der des Jünglings, der noch ein Leben vor sich hätte? Oder der des Familienvaters, der unversorgte Kinder zurückläßt?

Die Motive alles Geschehens stecken tief in der menschlichen Natur. Was wir gewöhnlich als Ursache anerkennen, sind beinahe immer Vorwände, die ausgenützt werden. Kein Franzose würde einfach durch die Überzeugung, daß Elsaß eigentlich zu Frankreich gehört, kein Russe durch die Überzeugung, daß Rußland den Weg durch die Dardanellen frei haben muß, kein Engländer durch die Erwägung, daß Deutschland ein gefährlicher Handelskonkurrent ist – keiner von diesen würde unmittelbar durch diese Erwägungen und Überzeugungen sich dazu verstehen, sich einen kleinen Finger abschneiden zu lassen, viel weniger sein Augenlicht, sein Leben, sein Hab und Gut, das Leben seiner Kinder hinzuopfern. Gewissermaßen wird der Krieg als Abstraktum im Sinne einer Idee geführt. In eine individuelle Gefahr begibt sich der einzelne stets nur aus individuellen Motiven, aus Abenteuerlust, aus Ehrgeiz, allermeistens aber unter einem gewissen Zwang und aus Herdentrieb.

Das Individuum als wehrpflichtiger Soldat will niemals den Krieg, denn wollte es ihn, so bedürfte es ja nicht der Wehrpflicht.***

Die Weltgeschichte ist eine Verschwörung der Diplomaten gegen den gesunden Menschenverstand.

So lang nur ein Mensch da ist, dem der Krieg Vorteil bringen kann, und dieser eine hat Macht und Einfluß genug, diesen Krieg zu entfesseln, ist jeder Kampf gegen den Krieg vergeblich.

Ich liebe mein Vaterland nicht, weil es mein Vaterland ist, sondern weil ich es schön finde. Ich habe Heimatgefühl, aber keinen Patriotismus.
Ich bin nicht stolz auf irgend jemanden, weil er der gleichen Rasse angehört.
Ich trete für niemanden ein, weil er zufällig derselben Familie entstammt wie ich*.
Ich habe auch gewiß kein Standesbewußtsein und bin gar nicht beschämt, weil es auch unter den Dichtern Lumpen (und Heuchler) gibt.
Ich war niemals der Kamerad von irgendwem, weil er zufällig dieselbe Charge bekleidet hat, nie der Kollege von jemandem, weil er auf derselben Schulbank saß wie ich.
Ich liebe auch nicht die Menschheit als Ganzes; nur einige wenige einzelne Menschen.
Ich fühle mich mit niemandem solidarisch, weil er zufällig derselben Nation, demselben Stand, derselben Rasse, derselben Familie angehört wie ich. Es ist ausschließlich meine Sache, mit wem ich mich verwandt zu fühlen wünsche; ich anerkenne keine angeborene Verpflichtung in dieser Frage.
Ich habe Mitbürger in jeder Nation, Kameraden in jedem Stand und Brüder, die keine Ahnung von meiner Existenz haben.

Nirgends ist die Spannung zwischen Idee und Wirklichkeit so ungeheuer wie zwischen der Idee Staat und der Wirklichkeit Staat.
Die tiefe Immoralität des Staates besteht vor allem darin, daß er es seinen Beamten und Besoldeten nicht nur leicht macht, sie nicht nur ermutigt, sondern sie unter Umständen sogar nötigt, ihre angeborenen, allgemein-menschlichen Eigenschaften – Leichtfertigkeit, Mißtrauen, Machtdünkel, Neid, Rachsucht – ungestraft, ja oft genug mit Aussicht auf Belohnung walten zu lassen. Und der Staat stellt sich so an, ja er erklärt es als Dogma, daß der Beamte

in jedem Falle der anständigere, ja daß er dem Bürger gegenüber der gerechtere und höhere Mensch sei; und schon ein Zweifel an dessen Unbestechlichkeit, Rechtsgefühl und Neidlosigkeit bedeutet eine Beleidigung, die der Ahndung unterliegt. Dabei benötigt der Staat gerade diese üblen allgemeinen Eigenschaften, um sich in seiner Macht behaupten zu können.

Form ist immer Unfreiheit, wenn auch gewollte. Es kann also innerhalb keiner Staatsform, auch innerhalb der scheinbar freiesten, der philosophische Begriff der Freiheit, ja nicht einmal der politische, in die Wirklichkeit umgesetzt werden. An sich also bedeutet Republik so wenig Freiheit wie Monarchie oder sogar absolute Monarchie Unfreiheit bedeutet. Der Unterschied der Staatsformen liegt immer nur im Ritualen, und das Rituale wird letzten Endes immer nur durch die Persönlichkeit desjenigen bestimmt, der an der Spitze steht (heißt er nun Kaiser oder Präsident).

Die Lebenslüge manchen Staates wie manchen Individuums: Daß sie den Bankrott noch erwarten, ja sogar sein Ausbleiben noch für möglich halten zu einer Zeit, da sie schon mitten darinnen stehen.

In der Natur des Witzes offenbart sich der Charakter der Nationen.

Es liegt im Wesen der Revolutionen, daß sie von Pedanten mißverstanden, von Bösewichtern mißbraucht und von der Masse als Schicksal hingenommen werden.

Wie in den Kämpfen des öffentlichen Lebens ist auch in denen des Alltags die Macht bei den Mittelmäßigen: wie dort bei den Mittelmäßigen des Geistes, so hier bei den Mittelmäßigen des Gefühls; denn wer die Dinge und die Menschen ernst nimmt, ist immer der Schwächere.

Was den Bürger charakterisiert, – oder vielmehr das lächerliche, auch unter Proletariern und Adeligen vorkommende Geschöpf, das heutige Literaten unter jenem Namen zu begreifen lieben – das sind keineswegs positive oder negative Eigenschaften besonderer Art, sondern vielmehr der Umstand, daß der »Bürger« es fertig bringt, auf seine Fehler, ja auf seine Laster gerade so stolz zu sein, wie auf seine Vorzüge und auf seine Tugenden, und daß er in jedem Fall mit sich höchst einverstanden ist, ob er duckmäusert oder über die Schnur haut.

Dieses Kleinbürgertum, das gefährlich, ja durch seine Macht gewissermaßen groß wird, da es den Genius mißversteht, verfolgt, bekämpft, vielleicht auch manchmal vernichtet. * * *

Man könnte sagen: alles politische Geschehen ist Schuld. * * *

Was soll mir das Geschwätz? Ich habe mich in meinem Leben nicht um Politik gekümmert!
Was hilft's dir, mein Freund? Sie kümmert sich um dich in jedem Augenblick deines Lebens!

Es ist die schlimmste Verschwendung an Geist und Herz, Gegner zu überzeugen suchen, die gar nicht daran denken, ihrer eigenen Ansicht zu sein.

GEIST UND RELIGION

Zwischen zwei Wundern schwebt die Welt. Plötzlichkeit und Allmählichkeit.

Daß wir einen Gott ahnen, ist nur ein unzulänglicher Beweis für sein Dasein. Ein stärkerer ist, daß wir fähig sind, an ihm zu zweifeln.

Alle Menschen auf Erden sind der Unendlichkeit und der Ewigkeit bewußt. Der Unterschied zwischen ihnen besteht nur darin, in welchem Grade den einzelnen dieses Bewußtsein erschüttert. Der eine glaubt an einen persönlichen Gott über den Dingen und Menschen, der andere an den eigenen Willen als an seinen Gott, die einen sind demütig, die andern lehnen sich auf, und alle, ein jeder mag sich verhalten, wie er mag, – alle sind sie gläubig.

Der Weg vom religiösen Gefühl zum Dogma ist unendliche Male weiter als der vom Dogma zum religiösen Wahnsinn.

Gibt es einen Gott, so ist die Art, in der ihr ihn verehrt, Gotteslästerung.

Wer Gott *glaubt,* mag zu ihm beten, wer ihn *weiß,* dessen Andacht heißt Arbeit.

Jede gefühlsmäßige Beziehung zu Gott ist sinnlos, Auflehnung nicht minder als Ergebung, denn der Altar, vor dem wir im Staube liegen, wie der, den wir zertrümmern wollen – wir sind es immer selbst, die ihn aufgerichtet haben.

Solange jeder Narr, jeder Theolog, jeder Betbruder und jeder Feuilletonist sich erlauben darf, das Wort Gott so zu verstehen und so anzuwenden, wie es ihm gerade im Augenblick genehm ist, wird jede Diskussion über religiöse Fragen unfruchtbar bleiben.

Ergebung – oder Auflehnung –? Ja, wenn sich das ein für alle Mal entscheiden ließe. Fühlen, wann zum einen, wann zum andern der Anlaß gegeben ist, das erst ist Religion – oder Philosophie – oder beides zugleich.

Ein *Hauch* von Zweifel schon macht den Glauben zum Unsinn, ja hebt ihn gewissermaßen auf, während gelegentliche Anfälle von Gläubigkeit dem Zweifel im wesentlichen kaum etwas anhaben können, ja ihn eigentlich erst recht zu bestätigen scheinen.

Ob einer glaubt, das weiß er im allgemeinen selber nicht. Darüber, daß er zweifelt, ist sich jeder ohneweiters klar. Er weiß nur nicht immer woran.

Man weiß von manchem Strenggläubigen, der an Gott irre ward, weil ihn ein großes Unglück traf – mochte er es auch selbst verschuldet haben; doch man hat noch keinen gesehen, der seinen Glauben darum verlor, weil ihm ein unverdientes Glück zuteil wurde.

Von wie verräterischer Vorsicht ist doch manchmal die Sprache! Sie hat das Wort Verzweiflung gebildet, das aus dem Zweifel kommt – eine Steigerung des Ausdrucks, die fast wie ein Urteil, eine Verdammung, eine Strafe wirkt; aber sie hat sich gehütet, aus dem Wort Glaube das Wort Verglaubung zu bilden, das in allzu fataler Weise an das Wort Versklavung erinnert.

Von der verwirrenden Vielfältigkeit der Einzelerscheinungen retten wir uns zu der trügerischen Gesetzmäßigkeit naturwissenschaftlicher Systeme; von der dämmerigen Unfaßbarkeit menschlicher Schicksale zur schillernden Helle philosophischer Betrachtungen; von den erschütternden Rätseln der Unendlichkeit zu den ragenden Symbolen der Gottheit, in deren tiefen Schatten die Qual des Zweifels zur Demut des Glaubens sich beruhigt: – und so sind wir stets auf der Flucht aus der chaotischen Wahrheit, die wir weder zu fassen noch zu ertragen imstande gewesen wären, in den trügerischen Trost einer willkürlich geordneten Welt.

Die Philosophie vermag im letzten Sinn nichts auszusprechen als Tautologien; geht sie darüber hinaus, so fängt im günstigen Fall die Dichtung, im gleichgültigen das Geschwätz, im schlimmen die Dogmatik an.

Alle Spekulation, vielleicht alles Philosophieren ist nur ein Denken in Spiralen; wir kommen wohl höher, aber nicht eigentlich weiter. Und dem Zentrum der Welt bleiben wir immer gleich fern.

Es ist schade, daß die meisten Rationalisten so wenig Verstand und die meisten Mystiker beinahe gar keine Phantasie haben. Sonst könnten sie sich vortrefflich verstehen und würden vielleicht manchmal merken, daß sie derselben Ansicht sind und nur in verschiedenen Sprachen reden.

Wenn du vor den Altar der Wahrheit trittst, so wirst du dort viele auf den Knieen finden. Doch auf dem Wege dahin wirst du immer allein gewesen sein.

Selbstüberwindung, Erkenntnisdrang und Opfermut sind die einzigen wirklichen Tugenden unter allen, die man so zu nennen pflegt. Denn nur in ihnen ist der Wille tätig.

Was als Persönlichkeit auf uns wirkt, das ist gleichsam ein dunkles Gewölk von *Möglichkeiten,* das sich um eine Stirn so mächtig ballt, als könnte in jedem Augenblick ein flammender Blitz von *Wirklichkeit* daraus niederfahren, um zu leuchten oder um zu vernichten.

Du nimmst einen Weg, den du regelmäßig zu gehen pflegst. Dein Mörder, der dich schon lange haßt, lauert dir auf und tötet dich. Dann sagen wir, dies ist mit *Notwendigkeit* geschehen.
Du nimmst einen Weg, den du bisher niemals gegangen bist. Irgend jemand lauert in der Nähe einem andern auf, den er umbringen will; er verwechselt dich mit diesem und tötet dich. Dann sprechen wir von *Zufall.*
Die Notwendigkeit kann gewissermaßen noch gesteigert werden durch Absicht oder Trotz: dann sprechen wir von Herausforderung des Schicksals.
Der Zufall kann noch seltsamere Formen annehmen, z. B. du gehst einen Weg, der ganz außerhalb deiner sonstigen Richtung liegt, du begegnest einem Wahnsinnigen, der wieder durch eine sonderbare Verkettung gerade dir entgegengeführt wird und dich tötet.
Und gerade dort, wo der Zufall völlig absurd wirkt, wo tausend seltsame Zufälle notwendig waren, um irgendein völlig unerwartetes Ereignis herbeizuführen, haben wir wieder die Empfindung des Schicksalhaften.
In logischem Sinne sind also Schicksal und Zufall niemals Gegensätze, sondern durchaus das gleiche und umso unwidersprechlicher identisch, von je höherem Standpunkt aus wir ein Ereignis betrachten.

Jeder Augenblick des Lebens ist an sich so seltsam, daß er überhaupt nicht zu ertragen wäre, wenn wir imstande wären, diese Seltsamkeit in der Gegenwart ebenso deutlich zu empfinden, wie sie uns in der Erinnerung und in der Erwartung meistens zu erscheinen pflegt.

Wem die Gabe der Gerechtigkeit verliehen ist, ohne die übrigen göttlichen Eigenschaften, Allmacht und Allweisheit, der ist übler dran, als der Ungerechte; denn er ist zur Selbstzerstörung bestimmt.

Für jede Art von Wahrheit gibt es nur ein Kriterium: das Opfer.

Eine sogenannte Halbwahrheit, sie mag sich aufspielen wie sie will, wird niemals eine ganze Wahrheit werden. Ja, wenn wir ihr nur scharf genug ins Auge sehen, so ist sie immer eine ganze Lüge gewesen.

Solange eine Illusion nicht als Täuschung erkannt wird, ist sie einer Realität durchaus gleichwertig – wie andre Erscheinungen, die wir mit unseren Sinnen fassen, selbst wenn sie im physikalischen oder philosophischen Sinn Illusionen bedeuten. Falls wir aber die Illusion als solche erkannt haben, ist sie ja keine Illusion mehr; so ist also schon der *Begriff* der Illusion und eigentlich nur dieser eine Illusion.

Allgegenwart Gottes: du siehst, hörst, fühlst ihn überall, – er dich nirgends.

Wenn Ihr den Gott lobpreist, ohne dessen Willen kein Sperling vom Dache fällt, warum prügelt Ihr den Knaben, der ihn herunterschießt?

Wie es eine gewisse Gruppe von Politikern gibt, die alle großen Errungenschaften der Menschheit dem Konto einer bestimmten Rasse, z. B. dem Germanentum gutzuschreiben wünscht, so gibt es Religionspolitiker, die alle großen Errungenschaften, alle ethischen Eigenschaften höherer Art, wie Opfermut, Nächstenliebe, Güte allein im Wesen des Christentums begründet und ausgedrückt finden möchten, als hätten alle jene Tugenden vor Christi Geburt überhaupt nicht und nachher nur bei Bekennern der christlichen Religion existiert. Als völlig charakteristische Merkmale des Christentums bleiben vielleicht nur übrig Intoleranz, Überheblichkeit und endlich eine ganz besondere Art von Demut, nicht nur dem höchsten Wesen, sondern auch seinen Priestern gegenüber, eine Demut, die sich häufiger als bei jeder anderen Religion bis zum Byzantinismus entwürdigt, aber von denen, die den Vorteil davon haben, zu einer besonderen Art von Tugend ausgerufen worden ist.

Heilige hat es immer gegeben, niemals aber noch einen Menschen, der das Recht gehabt hätte, einen andern Menschen heilig zu sprechen.

Die wesentlichste Aufgabe des wahren Priesters wird es immer sein, Gott zu verteidigen gegen die Mißverständnisse, Überheblichkeiten und Zudringlichkeiten, die der Fromme für Glauben zu halten pflegt.

Menschenliebe als politische Idee ist eine Phrase, als religiöse Idee ein Mißverständnis, als ethische Idee ein Wahn.

Wie wenig sicher die Gläubigen sich eigentlich ihrer Sache fühlen, insbesondere aber diejenigen, die aus dem Glauben einen Beruf, wenn nicht gar ein Geschäft machen, dafür ist der einfachste Beweis, daß sie den Glauben zu einer Tugend gestempelt haben.

Philosophie ist auch Glaube, ja im letzten Sinne Dogma; auch dort, wo sie in Zweifel ausläuft – und dort vielleicht am meisten. * * *

Viel und wenig, groß und klein, nah und fern, das sind höchst relative Begriffe; und eine durchaus sentimentale Naturbetrachtung muß man es nennen, wenn die Menschen immer wieder anläßlich besonders hoher oder besonders niederer Ziffern in eine Art religiöser Verzückung geraten. Denn es ist um nichts merkwürdiger, daß das Licht von gewissen Gestirnen her erst nach Jahrtausenden zu uns gelangt, daß ein halbes Gramm Uran erst nach fünftausend Millionen Jahren völlig zerfallen ist, daß in einem Kubikzentimeter Meerwasser über eine Million Radiolarien enthalten sind und daß der Ichthyosaurus schon vor zweihundert Millionen Jahren gelebt hat, – um nichts merkwürdiger, als daß das Körpermaß des erwachsenen Menschen fünf bis sechs Fuß beträgt, daß das Licht der Sonne schon nach acht Minuten bei uns eintrifft, daß gewisse chemische Stoffe sich innerhalb weniger Sekunden auflösen, daß der Anfang des Menschengeschlechtes nur auf 30 bis 50000 Jahre zurückgeht usw. Daß überhaupt etwas *ist*, der Geist ebenso wie die Materie, das Licht, der Äther, Entstehen, Blühen und Vergehen, – *das* ist das Wunder und gegenüber diesem ewigen Rätsel hat Staunen, Ehrfurcht, ja, wenn man will, Glaube seinen Sinn: *Ziffern* und *Maße*, hohe wie niedere, sind nichts als ein unerläßliches Mittel der Verständigung zwischen uns Menschen; Andacht aber vor den *Quantitäten*, vor verschwindend kleinen und ungeheuer großen Zahlen, welches Maß immer in Zeit und Raum sie ausdrücken mögen, ist nicht Frömmigkeit sondern Götzendienst.

Es gibt nur eines, was wir mit vollkommener Sicherheit wissen: daß wir um uns, über oder unter uns ein Element, ein Unbekanntes, ein Unfaßbares fühlen, das unserer Einflußnahme vollkommen entrückt ist. Wir wissen aber nicht, inwiefern wir selbst der Einflußnahme dieses Unfaßbaren ausgeliefert sind.

Jede Erkenntnis (Erfahrung) wird in unserer Seele vom hellen Licht des Zweifels umleuchtet; der Schatten, den sie in diesem Licht wirft, heißt Glaube.

Den Verlauf einer Infektionskrankheit im menschlichen Körper dürfen wir uns vielleicht als die Geschichte eines Geschlechts von Bazillen vorstellen, sein Entstehen, Blühen und Vergehen; – Geschichte so gut, wie die Geschichte des Menschengeschlechtes, freilich in anderen Maßen, aber doch der Idee nach das gleiche.
Solch ein Bazillengeschlecht lebt im Blut, in der Lymphe, im Gewebe eines menschlichen Individuums; dieser von unserem Standpunkt aus erkrankte Mensch ist ihre Landschaft, ihre Welt; und daß jene kleinsten Individuen unbewußt und absichtslos diese ihre Welt zu vernichten streben und oft wirklich vernichten, ist Bedingung, Notwendigkeit, Sinn ihres Daseins. (Wer weiß, ob die einzelnen Individuen eines solchen Bazillengeschlechtes nicht geradeso wie die menschlichen Individuen von höchst verschiedener Begabung und Willensstärke sind und ob es nicht auch unter ihnen Alltagsbazillen und Genies gibt?) Wäre es nun nicht denkbar, daß auch die Menschheit für irgendeinen höheren, uns als Ganzes unfaßbaren Organismus, innerhalb dessen sie Bedingung, Notwendigkeit und Sinn ihres Daseins findet, eine Krankheit bedeutet und daß sie jenen Organismus zu zerstören sucht und endlich, je höher sie sich entwickelt, zerstören *muß* – geradeso wie das Bazillengeschlecht das »erkrankte« menschliche Individuum zu vernichten trachtet?
Und dürfen wir nicht weiter fragen, ob es nicht vielleicht die Aufgabe jeder lebendigen Gemeinschaft bedeutet, sei es Bazillengeschlecht, sei es Menschheit, die ihr übergeordnete Welt – sei dies ein menschliches Individuum, sei es das Universum – allmählich zu vernichten?
Auch wenn diese Annahme der Wahrheit nahe käme – un-

ser Vorstellungsvermögen wüßte damit nichts anzufangen; denn unser Geist ist nur fähig, das Absteigende, Tiefere, niemals aber das Aufsteigende, Höhere zu erfassen; nur das *Niedere* kann von uns relativ gewußt, doch das *Höhere* von uns immer nur geahnt werden. In diesem Sinne darf man die Geschichte der Menschheit vielleicht als ihren ewigen Kampf gegen das Göttliche begreifen, das trotz allen Widerstandes allmählich doch mit Notwendigkeit durch das Menschliche vernichtet wird; und diesem Gedankengang folgend dürfen wir vielleicht annehmen, daß diesem uns göttlich erscheinenden oder als göttlich geahnten uns übergeordneten Element ein noch höheres übergeordnet ist, und so immer weiter bis in die Unendlichkeit.

Wie aber, fragte die Unendlichkeit den Herrn, soll ich der Menschheit erscheinen, daß sie nicht vor Grauen erstarre?
Da verkleidete sie der Herr in das Blau des Himmels.
Und ich? fragte die Ewigkeit, wie soll ich mich der Menschheit offenbaren, daß sie nicht vor Grauen in Vernichtung sänke?
Da sagte der Herr: Ich will dem Menschen einen Augenblick geben, da er dich begreifen wird. Und er schuf die Liebe.

Wer Materie sagt, sagt Geist, ob er will oder nicht. Denn sie wäre überhaupt nicht vorstellbar ohne Geist. Und wer Geist sagt, sagt Materie, denn ohne Materie könnte er es nicht sagen, nicht einmal denken.

Wer Grenze sagt, sagt Unendlichkeit und wer Unendlichkeit sagt, sagt Grenze. Denn es läßt sich ebensowenig leugnen, daß jenseits der Grenze wieder das Etwas ist, und wäre es selbst das Nichts, so wäre es ein Etwas mit Hinsicht auf die Grenze.

Wer nicht weiterdenkt, denkt überhaupt nicht. * * *

Die Gelehrten nennen etwas erklärlich, sobald sie gewisse Analogien mit anderen, früheren, bekannten [Tatsachen] entdecken, die doch in Wirklichkeit nicht minder unerklärlich sind als diese neuen, an die wir uns eben gewöhnt haben.
So heißt es irgendwo z. B. (Lippmann, Weltschöpfung und Weltanschauung): »Daß die mit negativer Elektrizität geladenen Elektrone, deren Masse etwa 1 800 Mal kleiner ist als ein Wasserstoffatom, sich nicht mit dem positiven Kern verbinden, ist ebenso erklärlich wie der uns schon bekannte Umstand, daß die Erde nicht in die Sonne hineinfällt. Bei der Erde entstehen durch ihre Rotation Zentrifugalkräfte, die der Anziehungskraft der Sonne das Gleichgewicht halten, und beim Verhältnis vom Monde zur Erde ist das gleiche der Fall... Ebenso ist ein Atom... ein Planetensystem im Kleinen. Die Planeten kreisen wie die Elektrone um den positiv geladenen Kern des Atoms.«
Ebenso erklärlich? Das eine ist so wenig erklärlich wie das andere. Wir sehen zwar das gleiche Gesetz im Mikrokosmos wie im Makrokosmos, erklärlich ist keines. Wir sehen die Einheit der rhythmischen Gesetze und finden den gleichen Geist und den gleichen Willen im Atom wie im Planeten walten.
Aber dadurch, daß sich Unerklärliches milliardenmal wiederholt, oder daß sich Analogien innerhalb des unendlich Großen und des unendlich Kleinen finden, wird das Rätsel nicht zur Selbstverständlichkeit, das Geheimnis nicht zur Lösung und das Unfaßliche nicht zum Erklärlichen.

Mit Wunder bezeichnen wir das Unglaubwürdige einer Erscheinung, die mit den uns bekannten Naturgesetzen in unaufgeklärtem Widerspruch steht. Doch das eigentliche Wunder ist das Naturgesetz selbst – das ist das Unerklärliche an sich und doch ein für alle Mal Vorauszusetzende. Wir aber nennen Wunder das Seltene, Einmalige, eigentlich Niemalige.

Das Göttliche, das Unfaßbare und doch im Gegensatz zu manchem andern sogenannten Göttlichen nicht aus der Welt zu Leugnende – Realitäten trotz ihres scheinbar irrealen Gehalts – sind Musik, Mathematik, Gewissen.
Die erste – Schönheit, für die jede Erklärung versagt.
Die zweite – eine aprioristische Gesetzmäßigkeit, die außerhalb aller Erfahrungen steht, Brücke in die Unendlichkeit.
Das dritte – das absolut sichere Gefühl, daß wir Recht oder Unrecht tun, auch in Fällen, wo ein Nutzen oder ein Schaden weder für uns noch für andere nachzuweisen ist. Also das Gefühl von Recht und Unrecht an sich.

Den Begriff des Ketzers hat erst das Christentum in die Welt gebracht, vorher kannte man nur den Heiden, der eigentlich nur ein Fremder war, aber kein Bösewicht, eher bedauernswert als der Vernichtung würdig. Erst wenn einer Ketzer sagt, klingt Verachtung, Haß, Drohung mit. Von allen hochmütigen Worten, die das Christentum – oder besser die Kirche – erfand, ist es das böseste, gottloseste und törichteste dazu.

Wenn ihr Christus schon als göttliche Erscheinung verehrt, um wieviel tiefer müßt ihr die Kniee erst vor einem Menschen beugen, dem es vielleicht gegeben war, die göttliche Gestalt eines Christus aus seinem eigenen Geist zu erschaffen.

Ich hätte nichts gegen Gläubigkeit einzuwenden; wenn der Gläubige sich nicht so gern über diejenigen erhaben fühlte, denen es an Gläubigkeit mangelt. Dieser Stolz widerspricht geradezu dem Sinn jeder Gläubigkeit, ja hebt ihn geradezu wieder auf. Und doch ist es beinahe leichter, seine Feinde zu lieben als die, die anderer Ansicht sind.

Religionsfeinde? Es ist, wie wenn man sagte: Unendlichkeitsfeinde, Ewigkeitsfeinde. Aber ihr meint ja mit Religionsfeinden doch nur die Feinde der Dogmatiker und der Pfaffen und ihr vergeßt, daß diese Leute mit der Religion, wie wir sie verstehen, überhaupt nicht das allergeringste zu tun haben. Es sind sozusagen subalterne Beamte der Gottheit.

Wenn der heilige Franziskus von Assisi vom Bruder Vogel und vom Bruder Schmetterling spricht, so vermögen wir es, ihm nachzufühlen, wenn sich der gute Geschmack vielleicht weniger gegen die Sentimentalität dieser Ausdrucksweise als gegen das gerührt-selbstgefällige Nachbeten und die Übertreibungen seiner Jünger wehrt. Aber immerhin hat er es vermieden, Bruder Floh zu sagen, und auch seine talentvollsten und edelsten Bewunderer dürften für den Bruder Pestbazillus keine besondere Zärtlichkeit aufbringen.

Alle die Leute, die so bereit sind, bei den andern Frömmigkeit und Schicksalsergebung zu erwarten, ja zu fordern, sind sofort dabei, an ihrem Gott irre zu werden, wenn ein Unglück, wie sie es täglich dutzende Male in einiger Entfernung beobachten können, ohne daß sie persönlich darunter zu leiden haben, sich in ihrer nächsten Nähe oder gar an ihnen selbst zuträgt. Und was noch sonderbarer ist, es besteht eine gewisse Neigung bei den Frommen, auch dieses Irrewerden an Gott und am Glauben verzeihlich zu finden, ja geradezu wieder als eine religiöse Erscheinung zu deuten.

Ein fünfjähriges Kind will zur Mutter immer »Mutti« sagen. Die Mutter, besoffen, schlägt sie *[sic]* tot. Das hat sich neulich hier zugetragen.
Wenn mir nun einer sagen kann, wie sich ein solcher Vorfall mit dem Begriff eines allmächtigen, allgütigen, allwissenden Gottes in Einklang bringen läßt, so will ich ein frommer Mann werden.
Aber ich fürchte, man wird mir höchstens antworten, daß wir armen Menschen eben zu nichtig seien, um Gott und die Gründe seines Handelns zu verstehen und daß seine Allgüte, seine Allmacht und seine Allwissenheit überhaupt etwas ganz anderes bedeuten, als wir unter diesen Worten begreifen.
Nun gut. So würde ich vorschlagen, zur Vermeidung von Mißverständnissen andere Ausdrücke zu wählen. Umsomehr, als ja diese drei Worte und Eigenschaften in unserem Sinn auf den Gott, zu dem wir beten, in keiner Weise zutreffen.

Ist Gott der Traum der Menschheit? Er wäre zu schön. Ist die Menschheit der Traum Gottes? Er wäre zu abscheulich.

Im Geistigen kann es niemals Haß geben, sondern nur Gegensätze; und auch die sind noch fruchtbar.

Gott hat gewissermaßen immer seine Gründe gehabt, denn er ist der Grund selbst. * * *

Verirrst du dich in einer Höhle, so grabe nicht zu gewaltsam; es könnte sonst geschehen, daß die Decke über dir zusammenstürzte, im selben Augenblick, da dir eben das Licht des Ausgangs entgegenschimmert.

Unsere Fragen an die Gottheit sind es, die uns reicher machen, nicht die spärlichen Antworten, die uns zuteil werden. Die Sehnsucht ist es, die unsere Seele nährt und nicht die Erfüllung; und der Sinn unseres Lebens ist der Weg und nicht das Ziel. Denn jede Antwort ist trügerisch, jede Erfüllung zerfließt uns unter den Händen, und das Ziel ist keines mehr, sobald es erreicht wurde.

BETRACHTUNG DES MENSCHEN

Stehst du am Fuß eines gewaltigen Bergmassivs, so weißt du noch lange nichts von dessen Vielfältigkeiten, ahnst nicht, welche Höhen hinter seinem Gipfel oder hinter dem, was dir als Gipfel erscheint, aufragen, ahnst weder die tückischen Abgründe noch die bequemen Ruheplätze, die zwischen den Felsen sich verbergen. Allmählich erst, während du emporsteigst und weiterschweifst, enthüllen sich dir die Geheimnisse der Berglandschaft, vermutete und überraschende, wesentliche und bedeutungslose, auch diese alle nur je nach der Richtung, die du nahmst; und niemals werden alle dir offenbar.

Einer menschlichen Seele gegenüber ergeht es dir nicht anders. Was dir, so nah du seist, im ersten flüchtigen Anblick vor Augen steht, ist noch nicht die Wahrheit, gewiß nicht die ganze. Auf dem Wege erst, wenn du scharfe Augen hast und nicht Nebel dir den Blick trüben, erschließt sich dir allmählich und immer nur teilweise das innerste Wesen jener Seele. Und auch darin ist es das gleiche, daß dir, während du dich allmählich aus dem durchforschten Gebiete entfernst, all die Vielfältigkeit, die du auf deiner Wanderung erlebtest, wie ein Traum verblaßt, und daß du, wenn du vor endgültigem Abschiednehmen noch einmal zurückschaust, wieder nichts anderes erblickst als jenes Massiv, das dir trügerischerweise so einfach erschien, und jenen Gipfel, der es gar nicht war.

Nur *Richtung* ist Realität, das *Ziel* ist immer eine Fiktion, auch das erreichte – und dieses oft ganz besonders.

Die Angst vor Verantwortung ist fast größer als die Angst vor dem Tod, nur wird man sich ihrer seltener bewußt. * * *

Man steht im Leben immer wieder vor der Wahl, es sich selbst leicht und den andern schwer zu machen – oder umgekehrt. Aber *hat* man denn die Wahl?

Es gibt allerlei Flucht aus Verantwortung: Es gibt eine Flucht in den Tod, eine Flucht in die Krankheit und endlich eine Flucht in die Dummheit. Die letzte ist die gefahrloseste und bequemste, denn auch für kluge Leute pflegt der Weg nicht so weit zu sein, als sie sich gerne einbilden möchten.

Manche Menschen glauben, daß sie sich weiter entwickelt haben, und von allen ihren Eigenschaften ist es nur die Eitelkeit, auf die ihre Einbildung zutrifft.

Du klagst, daß du ihm nichts Übles getan hast und daß er dennoch auf Rache sinnt? Kein Anlaß zur Verwunderung. Was er dir nachträgt, ist nicht deine Schuld, sondern sein schlechtes Gewissen.

Es ist dem Menschen eingeboren, daß er in dem Unglück, das einen andern betrifft, ein möglichst hohes Maß von Selbstverschuldung, im eigenen aber nichts als Verhängnis zu finden trachtet.

Es ist ein Glück, daß wir im allgemeinen Genaueres nur von unseren Eltern, bestenfalls noch von unseren Großeltern wissen. Wäre uns auch von unseren entfernteren Ahnen so viel bekannt, dann gäbe es wohl keinen Charakterfehler und keine Schurkerei, die wir nicht mit unserer erblichen Belastung zu rechtfertigen suchten.

Daß uns allen das Wissen um die Wichtigkeit der Erhaltung der Art angeboren ist, nicht aber das um die Wichtigkeit der Erhaltung des Individuums, ja daß diese jener gegenüber in höherem Sinne als fast unwesentlich erscheint, ergibt sich unter anderem daraus, daß wir den großen Liebeskünstlern einen besonderen Respekt entgegenzubringen pflegen, während wir z. B. den Vielesser mit weit geringerer Verehrung betrachten, ja daß er eher lächerlich, wenn nicht gar verächtlich erscheint. Und auch der Spott, der sich im allgemeinen an den Geschlechtsuntüchtigen heftet, was sich in literarischen Erzeugnissen aller Epochen ausdrückt, ist beweisend für die uns eingeborene, aus metaphysischen Gründen stammende Überzeugung von der Wichtigkeit gerade der geschlechtlichen Begabung. Ihr absoluter Mangel hat manche Leute bekanntlich schon zum Selbstmord getrieben, was im Gefolge intellektueller Minderwertigkeitsgefühle kaum jemals der Fall gewesen ist. Denn wir empfinden, ja wir handeln sogar viel öfter symbolisch als wir wissen.

Es ist übel in der Welt eingerichtet, daß auch die größten Künstler nur zeitweise ihr ganzes Genie zur Verfügung haben, daß sich aber auch die kleinsten Schurken im ununterbrochenen Besitz ihres Charakters befinden.

Die jämmerlichsten Patrone sind immer die, deren Vornehmheit gerade so weit geht, daß sie ihnen noch keine Kosten verursacht und deren Mut gerade so groß ist, daß ihnen noch nichts geschehen kann.

Eine als Irrtum erkannte Meinung ohne falsche Scham aufzugeben, das ist vielleicht die wunderbarste Kraftersparnis, die unserem Geist gegönnt ist; und zugleich die, von der wir am seltensten Gebrauch machen.

Sich einer begangenen Torheit völlig bewußt werden, das hebt sie noch nicht auf; es kann unter Umständen sogar die größere Torheit bedeuten.

Was wir den Menschen als ihr metaphysisches Bedürfnis gutzuschreiben pflegen, ist selten etwas anderes als ihre Neigung, mit ihren Gedanken in unkontrollierbarem Gebiet umherzuschweifen, keine letzte Verantwortung tragen zu müssen und sich bei all dem noch großartig vorzukommen.

Auch *das* ist Lüge und oft die kläglichste von allen: sich anzustellen, als wenn man einem Lügner seine Lüge glaubte.

Das Urteil der meisten Menschen über andere, auch solche, die ihnen sehr nahe stehen, ist so wenig fest und tief gegründet, daß sie nicht erst ihre Gesinnung wechseln oder ihre Überzeugung verleugnen müssen, um auch den besten Freund zu verraten.

Zu einem Verrat sind die meisten Menschen pünktlicher zur Stelle als zu einer Tat der Treue. Denn sich bei einem Verrat zu verspäten, kann leichter den Kopf kosten, als zu einer Handlung der Treue nicht da zu sein.

Mit dem Ohr der Menschheit ist es so beschaffen, daß es den Schall zu verschlafen und erst durch das Echo zu erwachen pflegt.

Du kannst einen Menschen daran hindern, zu stehlen, aber nicht daran, ein Dieb zu sein.

Du sprichst von deiner *Mission?* Das klingt etwas pathetisch. Oder sollte es nicht am Ende nur der Vorwand sein, unter dem du dich deiner *Pflicht* zu entziehen gedenkst? Denn dies ist der ernstere, schwerere und verantwortungsvollere Begriff; und was du deine Mission nennst, das muß notwendig in deiner Pflicht enthalten sein; – oder du bist deiner Mission niemals wert gewesen.

Wenn der Haß feige wird, geht er maskiert in Gesellschaft und nennt sich Gerechtigkeit.

Wenn einer sagt, daß er die Menschen liebe, so spricht er das kaum jemals ohne Rührung über seine Herzensgüte aus; behauptet ein anderer, er verachte sie, so erklärt er das selten ohne Stolz auf seine Weisheit. Wie immer einer sich zu den Menschen stelle, es werden manchmal die Menschen, aber die eigene Eitelkeit wird niemals dabei zu kurz kommen.

Ein neuer Gedanke – das ist meist eine uralte Banalität in dem Augenblick, da wir ihre Wahrheit an uns selbst erfahren.

Selbsterkenntnis ist fast niemals der erste Schritt zur Besserung, aber oft genug der letzte zur Selbstbespiegelung.

Was wir Illusion nennen, ist entweder Wahn, Irrtum oder Selbstbetrug, – wenn sie nicht eine höhere Wirklichkeit bedeutet, die als solche anzuerkennen wir zu bescheiden, zu skeptisch oder zu zaghaft sind.

Manche seelische Erlebnisse gehen beinahe durchaus im Unterbewußtsein vor sich; zeitweise nur gleich Tauchern, die unter dem Wasser schwammen, steigen sie zur Oberfläche herauf, sehen sich verwundert rings im Lichte des Bewußtseins um, tauchen wieder hinab und verschwinden für immer.

Wir müssen uns entscheiden, ob wir Vorgänger oder Nachfolger sein wollen, so sehr wir tatsächlich beides in einem sind. Aber wir sind es sozusagen nur in materiellem Sinn. Im Geist prävaliert entweder das eine oder das andere, und oft wechselt es auch im einzelnen Individuum in einem Zeitraum von Tagen oder gar Stunden.

Bei jedem Unglück, das uns betrifft, geben wir, wenn auch unbewußt, einem letzten Anlaß die Schuld und können kaum anders. Denn wenn wir auch nur den letzten berücksichtigen, so müßten wir bis zum allerersten zurückgehen. Und um den zu finden, verlören wir uns allzuweit in die Regionen, wo es keine Schuld und keine Vorwürfe, also auch keine Selbstvorwürfe mehr gibt, und dies ist eine Atmosphäre, in der weder unsere Seele noch unser Geist weiter zu atmen vermöchte.

Ein frommer Jüngling macht einen Ausflug zu Rad. Wie er bei einer Kirche vorbeikommt, nimmt er eine Hand von der Lenkstange und schlägt ein Kreuz. In diesem Augenblick verliert er das Gleichgewicht und bricht sich einen Arm.

Es gibt Menschen, die die Neigung haben, ihr Leben nach bestimmten Prinzipien zu gestalten, – und andere, die Prinzipien je nach den Zufälligkeiten ihres persönlichen Schicksals aufzustellen lieben. In beiden Fällen handelt es sich nur um das Bestreben, sich das Leben möglichst bequem zu machen, während es doch darauf ankommt, jedem Erlebnis vorurteilsfrei und voraussetzungslos gegenüberzutreten, wäre es selbst auf die Gefahr, sich stets aufs neue zu irren.

Was als Persönlichkeit wirkt, ist das Leuchten aller *Möglichkeiten* eines Charakters hinter seinen wirklichen und zufälligen Lebensäußerungen.

Wie es Leute gibt, die rascher und intensiver zu denken imstande sind als andere, so gibt es auch solche, die rascher und intensiver zu fühlen pflegen, ja fühlen müssen, als andere fühlen. Diese Menschen werden dann natürlich eher für Egoisten angesehen als Menschen, deren Gefühlsleben in trägerem Tempo verläuft, – so wie raschere Denker zuweilen als oberflächlich, langsame Denker als tief erscheinen, beide oft zu Unrecht.

Die einen leben, wie man Champagner hinunterstürzt; andere, wie man eine Suppe ißt – löffelweise, gleichgültig; viele aber müssen ihr bißchen Leben wie Tropfen Wassers auf der schmutzigen Erde suchen: immer gebückt, immer durstig.

Der Enthusiast fühlt sich seiner Sache niemals ganz sicher, daher sein unstillbarer, lästiger Drang, Gefährten seiner Begeisterung zu werben. Der Skeptiker hingegen bedarf stets einer gewissen Isoliertheit, denn schon der Umstand, daß er einen Gefährten seines Zweifels findet, vermag ihn an diesem irre zu machen.

Mein Respekt vor dem Tugendhaften sinkt im umgekehrten Verhältnis zu den Vorteilen, die jener Tugendhafte seinen Tugenden verdankt; und meine Achtung vor dem Sünder steigt im geraden Verhältnis zu den Gefahren, denen er sich durch seine Sünden auszusetzen pflegt.

Auch an der Wahrheit, die einer ausspricht, können wir keine rechte Freude haben, wenn wir fühlen, daß jener sie vielleicht gar nicht ausgesprochen hätte, wenn er es für vorteilhafter gehalten hätte, sie zu verschweigen.

Was wir rückhaltlose, schonungslose Aufrichtigkeit nennen, das pflegt entweder die perfideste oder die naivste Form der Lüge zu bedeuten.*

Menschen kennen bedeutet noch wenig, das Wesentliche ist, in menschliche Beziehungen hineinzuschauen. Auch diese heucheln, verstellen, verschließen sich bis zur Undurchdringlichkeit. Und du kennst auch den einzelnen erst ganz, wenn du ihn in seinen vielfältigen Beziehungen zu sehen vermagst.

Das Große zu verkennen, das ist nicht immer eine Sache des mangelnden Verständnisses, sondern auch des Mutes, insbesondere für den, der sich nicht für unfehlbar hält.

Es ist lächerlich genug, eine offene Türe gewaltsam einzurennen. Aber durch eine angelehnte Tür mit Siegermiene zu treten, als hätte man sie durch eigene Kraft eingestoßen, das sieht noch beträchtlich dümmer aus.

Ein ernster Mensch sein und keinen Humor haben, das ist zweierlei.

Manche Menschen erscheinen uns so widerspruchsvoll, weil wir in ihrer Betrachtung und Beurteilung das *Element des Komödienspiels* zum Teil oder ganz vernachlässigen, welches doch bei jedem Menschen, nicht nur bei den sogenannten Komödianten, Lügnern, Poseuren usw. in irgendeinem, wenn auch bescheidenen Maße vorhanden ist.
Es ist sozusagen eine physiologische Beimischung des Elements Lüge auch in dem wahrsten Individuum, und wäre es auch nur als Geltungs- oder Spieltrieb. Auch die *zwangshafte Lüge* ist häufiger, als man glaubt. Immer wieder erleben wir es, daß uns ganz kluge Menschen eine Lüge auftischen, von der sie wissen, daß wir sie unmöglich glauben können.
Nicht jedes Lügen ist eben auch ein *Anlügen.* Es kann Affektation, Pose, auch Höflichkeit sein.

Ich kannte einen, der am Abend stets an sich selber einen Brief aufgab, nur um am nächsten Morgen zur Postzeit keine Enttäuschung zu erleiden. Aber es ist mir nie klar geworden, ob es ein Narr oder ein Weiser war.

Es gibt Leute, die eine Sache längst im Geist zu Ende gelebt haben, während sie scheinbar noch mitten darin stehen. Daher die außerordentliche Langeweile, der Überdruß, der diese raschfühlenden Menschen erfaßt, die doch so langsam leben müssen wie die andern, und sie das Leben scheuen macht. *

Sehnsucht macht die Dinge und die Menschen unwirklich. Darum ist alles Erreichte so anders als das Ersehnte. Nicht schlechter oder besser, aber anders. Aber auch zu dem Erreichten steht man oft in einem Verhältnis der Sehnsucht, nicht etwa weil man es nicht ganz, sondern weil man es anders erreicht hatte. **

Jeder Versuch, eine Idee praktisch bis in ihre letzte Konsequenz durchzuführen, ist ein Beweis, daß man sie selber nicht ganz verstanden hat. *

Wie man von der Hand in den Mund lebt, so kann man auch vom Geist in die Seele denken und von der Seele in den Geist fühlen.

In der Vorstellung des Hypochonders spielen die Möglichkeiten eine größere Rolle als die Wahrscheinlichkeiten. Und auch eine geringe Wahrscheinlichkeit wandelt sich bei ihm ohneweiters zur fixen Idee. ***

Zuerst pflegt die Lust zu streiten da zu sein und dann erst das Objekt, um das gestritten wird. Es ist wie bei der Liebe und beim Haß. Und wenn der Drang zuerst auch ins Leere greift – nach einem unwandelbaren Gesetz ist bald ein Individuum oder auch eine Masse da, die automatisch die Leere füllt.

Der Haß der Größe gegen die Kleinheit ist der Ekel; der Haß der Kleinheit gegen die Größe der Neid.

Kein Antlitz ist häßlich, in dessen Zügen sich die Fähigkeit zu einer echten Leidenschaft und die Unfähigkeit zu einer Lüge ausdrückt.

Wollen –? Undeutbares Wort.
   Manches *müssen* wir wollen –
   manches *dürfen* wir wollen –
   manches *können* wir wollen.
   Aber was *wollen* wir wollen?
Nur was wir wollen *müssen*, wollen wir wirklich. Und dies, ist es noch ein Wollen, ist es nicht schon ein Müssen?

Es war einmal ein Zauberer, der zeigte den Leuten eine wunderbare Perlenschnur, an der nur die Perlen, nicht aber die Schnur zu sehen war. So schwebten die Perlen frei in der Luft, doch nur in der Hand des Zauberers und für keinen anderen hatte so die Perlenschnur einen Wert.
Da kam ein anderer, der behauptete gleichfalls, eine Perlenschnur zu besitzen, an der war wieder nur die Schnur zu sehen, und die Perlen waren unsichtbar. Er schlug dem ersten Zauberer ein Kompaniegeschäft vor. Man weiß nicht, ob es zustande kam.

Solang du auf Erden lebst, hast du kein Recht, rückhaltlose Anerkennung zu verlangen. Denn bis zu deinem letzten Augenblick besteht die Gefahr, daß du deinen Anspruch darauf wieder verwirkst.

Die Erinnerung, sagt Jean Paul, ist das einzige Paradies, aus dem wir nicht vertrieben werden können. Manchmal mag das zutreffen. Öfter aber ist die Erinnerung die einzige Hölle, in die wir schuldlos verdammt werden.

Daß ein Erlebnis seinen Schatten in die Zukunft wirft, müssen wir als einen gesetzmäßigen Vorgang hinnehmen; schlimmer ist das Erlebnis, von dem ein Schatten zurück in die Vergangenheit fällt, so daß Lebensbezirke, die im Lichte lagen und ihren Glanz lange bewahrt hatten, in ein plötzliches Dunkel sinken.

Keine einzige Dummheit willst du in deinem Leben begangen haben? Dies eben war sie – und sie ist vielleicht die einzige, die nicht wiedergutzumachen ist.

Wer diese drei Unbegreiflichkeiten jemals völlig begreifen könnte: Daß er existiert, daß er gerade er selber ist und daß er einmal nicht war und einmal nicht sein wird.

In unsern Träumen pflegen jüngst Verstorbene anfangs noch alle Schauer der Verwesung mit sich zu bringen, wenn wir sie auch niemals als Tote sahen. Allmählich erst, von einem Traum zum andern, entledigen sie sich dieser Schauer, ja gleichsam ihres Todes selbst und gehen lebendiger als Lebende durch unseren Schlaf.

Nur wer den Tod fürchtet, darf sich seines Mutes rühmen.

Es bleibt nun einmal ein unheimlicher Gedanke, daß in dem Tageslauf des Jahrs, auf das wir zurückblicken, unbedingt auch das Datum unseres Todestages enthalten sein muß.

ÜBER PSYCHOANALYSE

Die Erinnerungen unserer Zellen (reflektorische Bewegungen gleich nach der Geburt etc.) weisen darauf hin, daß eine Beziehung zwischen Gegenwart und Vergangenheit existiert, in der wir noch nicht da waren (als Individuen).
Es ist also a priori wahrscheinlich, daß eine Beziehung existiert unseres Individuums und einer Zukunft, in der wir nicht sein werden.
Da uns die Vergangenheit als Ganzes annähernd bekannt, die Zukunft als Ganzes unbekannt ist, so ist uns nur die erste Beziehung verständlich, die zweite nicht; dies ist aber kein Grund, das Bestehen einer solchen Beziehung abzuleugnen.

Über den Einfluß zurückgedrängter Affekte auf Nervenkrankheiten.
Anschließend an die Ätiologie der Hysterie.
Notwendigkeit des Rückdrängens von Affekten bei höherer Kultur – daher Neigung zur Neurasthenie.
Feigheit und Neurasthenie.
Das Judentum Minorität, Feigheit, Neurasthenie.
Gleichgültigkeit gegen die zurückgedrängten Affekte.
Rasches Verarbeiten, langsames Verarbeiten (»Weiternagen«).

Über das Umsetzen der Instinkte in Bewegungen, in Gefühle, in Handlungen, in Taten. Hieraus die ganze Psychologie der Individuen und der Völker, also gewissermaßen die ganze Kulturgeschichte zu entwickeln.

Mit dem Überdeterminieren um jeden Preis läßt sich natürlich alles deuten und alles hineinlegen.
Man kommt notwendig bis zum Urgrund der Dinge.

Auch daß es keine Zufallshandlungen gibt, ist selbstverständlich.
Das leugnen, hieße die Kausalität leugnen. Alles ist bedingt, doch handelt es sich darum, die richtigen Stufen zu finden, um bis zum Urgrund der Dinge hinabzusteigen.

Durch die Umkehrung, die Verschiebung und die Sublimierung weitet sie die Deutungsgrenzen so sehr gegen das Willkürliche zu, daß jede Kontrolle unmöglich und jede Erklärung genau so gestattet sein kann wie ihr Gegenteil.
Auch daß die Psychoanalyse so früh ins Unbewußte ausbiegt, ist ein Eingeständnis ihrer Schwäche. Sie fühlt, daß das Bewußte sie stören, ja manchmal sogar widerlegen könnte.

Gerade dadurch, daß die Psychoanalyse ihre Theorien, zum Beispiel Oedipuskomplex, verallgemeinert, verringert sie deren Bedeutung. Ist es tatsächlich das Schicksal jedes Menschen, seine Mutter zu lieben, seinen Vater zu hassen, so ist dieser Umstand ein Entwicklungsphänomen wie jeder andere, wie das Zahnen, wie die Pubertät etc. – und wird uninteressant.
Nur als Degenerationserscheinung hat der Oedipuskomplex eine psychologische Bedeutung, wie alle Perversionen; – und wie von allen Perversionen gibt es auch von dieser Rudimente im sogenannten normalen Menschen. Erwidert man hierauf, kein Mensch sei in diesem Sinne normal, so bleibt das ein Wortspiel, denn eine Abnormität, an der alle Menschen leiden, ist keine Abnormität mehr.

Psychoanalyse. Oedipuskomplex.
Was daran durchaus richtig, ist fast eine Banalität.
Daß die ersten sexuellen Eindrücke an das erste anders-geschlechtliche Wesen knüpfen, mit dem das Individuum in Beziehung tritt, ist natürlich.

(Schon hier auf den Unterschied zwischen Sexualität und Erotik hinzuweisen.)
Da dieses andersgeschlechtliche Wesen für das Kind meist die Mutter ist, verankert sich, wie der nicht immer zutreffende Ausdruck lautet, das sexuelle Streben bei der Mutter.
Manchmal natürlich bei der Amme, besonders, wenn die Mutter aus irgend einem Grunde ausscheidet.
Aber nur, wenn das Sexualgefühl sich auch an der ungekannten Mutter verankern würde, hätte der sogenannte Oedipuskomplex seine tiefere metaphysische Bedeutung. Gerade die Oedipuspassage hat mit dem sogenannten Oedipuskomplex nichts zu tun. Oedipus liebt seine Mutter, ohne zu wissen, daß sie seine Mutter ist.
Viel eher ist diese Sage als legendäres Symbol für eine absolute Zusammenhanglosigkeit zwischen Mutter und Kind aufzufassen. (Natürlich ist auch das nicht beabsichtigt. Wäre Oedipus als Kind nicht ausgesetzt worden, so hätte er sich nie als Zurückkehrender in Jokaste verliebt.)
Er liebt Jokaste als Fremde, nicht als Mutter.
Daß ein sexuelles Gefühl für die Mutter etc. immer bestehen bleibt und der Mann in der Geliebten, der Frau, stets die Mutter oder die Schwester wieder sucht, ist einfach falsch. In den meisten Fällen besteht zwischen Blutsverwandten, wenn sie einander als solche bekannt sind, sexuelle Indifferenz, gar nicht selten eine Art von körperlichem Widerwillen.
Dies letztere wird der Psychoanalytiker freilich wieder als Beweis für seine Theorie auffassen; die Antipathie als Verdrängungsversuch, als Umkehrung usw.

Ein psychologisches Gesetz ist zweifellos, daß in jedem Gefühl ein wechselnd starker Bruchteil des ihm contrair Entgegengesetzten enthalten ist. Es kommt eben auf das perzentuale Verhältnis an. So zum Beispiel ist in dem Gefühl

der Liebe zum Vater immer auch ein Bruchteil Haß beigesellt.
Diese Banalität wurde übertrieben bis zu dem Paradox, daß der Sohn den Vater überhaupt nicht liebt, sondern haßt.
Aus dem Perzentsatz Haß wurde nicht nur Haß allein, sondern auch Mordtrieb.
Im weiteren Verlauf Mißverstehen des Oedipusmotivs.
Der Mythos läßt den Mord des Oedipus an seinem Vater keineswegs aus Haß begehen, sondern gewissermaßen aus Irrtum.
Auf diesem Mißverständnis baut eine junge Literatenschule eine neue Welt auf. Sie erfindet bizarre, zum Teil törichte Ausnahmsfälle, wogegen nichts einzuwenden wäre, und erhöht den Einzelfall zum Symbol.
Sie sind nur auf der anderen Seite der Gartenlaubenbanalität angelangt.

Mit der Libido ist nur der eine Teil unseres Wesens in seinen Haupttrieben bezeichnet. Es fehlt nicht nur zum Verständnis der seelischen Ökonomie, sondern sogar zur Richtigkeit der Freudschen Theorie die ebenso wissenschaftliche und weitgehende Enthüllung der Gegentriebe in unserer Seele. Wie sollen wir nun eigentlich den Gegenspieler der Libido bezeichnen? Es scheint sich hier um etwas viel komplizierteres zu handeln als um die Libido, von der aus es – wenigstens scheinbar – gelingt, immer in die gleiche Wurzel hinabzusteigen. Dagegen wirkend, wenn wir die Libido einfach als die Sehnsucht nach Lusterfüllung bezeichnen, ist eine Fülle von Regungen, Vorstellungen etc., nicht nur solche, die sich auf uns selbst, sondern auch auf andere beziehen. Die Libido will nur sich selbst Lust bringen, was zuweilen nicht anders geschehen kann, als indem andere miteinbezogen werden. (Die zweifellos bei vielen Menschen vorhandene Neigung, Lust zu geben, eventuell Gutes zu tun, hat mit der Libido als solcher nichts zu tun.) Der Gegensatz der Libido wäre eigentlich Sehnsucht nach Schmerz, nach Selbstvernichtung, nach Tod. Wir fühlen aber ganz genau, daß das Bedürfnis, Übles zu tun, Schmerz zu geben, kurzum alle Regungen, die aus Feindseligkeit gegen irgend jemand anderen hervorgehen, eine unendlich mal größere Rolle in der seelischen Ökonomie des Menschen spielen als die entsprechenden sekundären Folgen der Libido, und eine primäre Bedeutung beanspruchen. Der Gegensatz von Sehnsucht nach Lusterfüllung scheint geradezu nicht zu sein: Sehnsucht nach Schmerz, sondern Sehnsucht irgend jemandem andern Übles zuzufügen. Denn die Sehnsucht, Gutes zu tun und Liebe zu verbreiten, kommt in der allgemeinen Psychologie als Macht kaum in Betracht.

Charakteristisch für unsere Epoche ist die Tendenz, auch die wenigen Grenzen, die wir mit Sicherheit (so weit es eben in Menschendingen Sicherheit gibt) ziehen konnten, zu verwischen.
Zwischen Tod und Leben, ebenso zwischen organischen und funktionellen Störungen gibt es keine Übergänge und Zwischenstufen. Es gibt nur ungenaue und Fehldiagnosen. Es gibt einen Scheintod, das ist aber nicht ein Übergang vom Leben zum Tod, sondern es ist eben Leben.
Zu organischen Störungen wieder treten manchmal funktionelle hinzu. Man kann sogar sagen, daß gewisse organische Störungen zu gewissen funktionellen Störungen prädisponieren, man kann auch sagen, daß für ein oberflächliches Auge funktionelle in organische übergehen, aber wissenschaftlich ist der Unterschied ein ungeheurer.
Ähnlich, aber noch schwieriger sind die Grenzen zu ziehen zwischen bewußt und unbewußt, verantwortlich und unverantwortlich. Und hier ist das Bedürfnis, die Grenzen zu verwischen, leider viel größer.
Statt uns zu mühen, lassen wir uns gehen, begnügen uns mit Beiläufigkeiten.

Mangelhaftigkeit der diagnostischen Hilfsmittel, körperlich und seelisch.
Man erinnere sich der sonderbaren Befriedigung, die durch die Welt ging, als einige Leute glaubten, daß durch die Entdeckung des Radiums das Gesetz von der Erhaltung der Kraft ins Wanken gekommen sei.
Hier wollte man die Grenze zwischen Quantitäts- und Qualitätsunterschieden verwischen.

Jede wirkliche Geisteskrankheit findet ihr verblaßtes Abbild beim Psychastheniker. Die fixe Idee wird zur Zwangsvorstellung, die Melancholie zur Verstimmung usw. Doch eine scharf gezogene Grenze besteht, sie heißt Krankheitseinsicht.
Verwirrt wird das Bild häufig durch hysterische oder sogenannte hysterische Momente, Neigung zum Interessantmachen, zum Komödienspiel usw.
Die Hysterie gehört zu den Seelenkrankheiten, nicht zu den Geisteskrankheiten, dieser sehr wichtige Unterschied wird nicht immer genügend in Betracht gezogen.

Nicht die Psychoanalyse ist neu, sondern Freud.
Sowie nicht Amerika neu war, sondern Columbus. Psychoanalyse gab es immer; jeder Arzt, jeder Dichter, jeder Staatsmann, jeder Menschenkenner mußte es sein, war es unbewußt oder automatisch.
Psychoanalyse wurde immer sowohl diagnostisch als therapeutisch geübt, mit mehr oder weniger Glück.
Die Frage: was ist gewonnen, was vertan dadurch, daß Psychoanalyse in ein System gebracht und gar dadurch, daß sie Mode wurde? Psychoanalyse ist scheinbar eine leichtere, in Wirklichkeit eine schwerere Kunst, als man glaubt.
Sie hat die Kenntnis von der Seele erweitert, indem sie ermutigte, in Tiefen zu forschen, die früher aus konventionellen Gründen, zuweilen auch aus Gründen des Geschmacks,

am häufigsten aus Feigheit oder Grauen nicht durchforscht wurden.
Sie hat zugleich den Fehler begangen, in diesen Tiefen sich länger aufzuhalten und unablässiger darin zu wühlen, als nötig und als nützlich war.
Sie hat die Kenntnis erotischer Vorgänge in der Seele (die oft nur das Spiegelbild sexueller Körpervorgänge sind oder ihr Reflex): die Überzeugung von der Wichtigkeit dieser Vorgänge für die Gesundheit, für das Alltagsleben, für die Entstehung von Nervenkrankheiten erweitert, ausgedehnt, aber zugleich verflacht. Insbesondere in der Traumdeutung geht sie vielfach willkürlich vor, vor allem in der Überschätzung und Verallgemeinerung der sogenannten Traumsymbole. Sie hat gewisse Dinge und Formen ein für alle Mal als Traumsymbole festgestellt, und wenn man sie nach den Gründen fragt, antwortet sie, daß sich die Bedeutung dieser Symbole einfach aus der Traumdeutung ergäbe. Musterbeispiel eines circulus vitiosus. Leicht zu erweisen, daß Symbole, wie beispielsweise Stab, Baum etc., Koffer, Schachtel etc. ebensogut wie als Sexualsymbole auch als Todessymbole gedeutet werden könnten. Der Koffer als das Grab, der Stab als der Spaten des Totengräbers, ja, wenn man die Determinierung ins Endlose fortsetzt, kann, muß man überall hin gelangen bis ans Ende und auch zurück bis zum Anfang der Welt. So kann man den Stab oder den Baum am Ende als Adam, irgendeine Höhlung als Eva deuten und jeden Traum, wenn man will, als einen Bibeltraum.
Bestimmt eine Irrlehre ist es, die Wasserträume als Geburtsträume zu deuten lehren. Nur die Vorgänge, die in unser Bewußtsein übergegangen sind (und alles, was in unserem Unterbewußtsein ist, war einmal in unserem wirklichen Bewußtsein, es gibt keinen anderen Weg ins Unterbewußtsein, angeborene Unterbewußtseinsdinge existieren nicht, auch das Grauen etc. muß erlernt werden), sind für die Traumdeutung zu verwerten. Als wir noch im Mutterleib

schliefen, hatten wir kein Bewußtsein, können uns also an diese Zeit unmöglich erinnern. Man könnte ebensogut solche Wasserträume – und logischer – als Erinnerung an das kindliche Bettnässen deuten.
Psychoanalyse ist verführerisch für den Arzt und für den Patienten.
Die Verankerung an den Arzt ist keine spezifische analytische Folge. In allen Fällen, wo ein intimerer Gedankenaustausch, insbesondere aber ein auf intimere Gegenstände, gar auf sexuale, bezüglicher Meinungsaustausch erfolgt (zwischen Personen verschiedenen Geschlechts), entwikkelt sich eine gewisse sexuelle Polarität, die an sich ganz bedeutungslos sein kann. Aber die große Mehrzahl, sowohl der Ärzte als der Patienten, Patientinnen, wird zum mindesten unbewußt die Gelegenheit psychoanalytischer Behandlung dazu benützen, erotische Anregung, wenn nicht gar sexuelle Aufregung zu suchen.
Man denke vor allem an die Minderwertigkeit, sowohl die ethische wie die intellektuelle der meisten Menschen, zu denen nicht nur die Patienten, sondern auch die Ärzte gehören.
Eine besondere Fehlerquelle: daß der Arzt seiner Kranken, korrekter ausgedrückt, derjenigen Person, die Heilung sucht oder Heilung zu suchen glaubt, oder vorgibt, Heilung zu suchen, vertrauen, ja geradezu aufs Wort glauben muß.
Der Arzt glaubt, Unbewußtes aus der Seele seiner Kranken hervorzuheben, in vielen (in den meisten) Fällen wird es sich um längst Bewußtes handeln, das die oder der Kranke vorzubringen sich schon längst gesehnt hat.
Das völlig Bewußte ist selten, aber auch das gänzlich Unbewußte – in dem Sinn nämlich, daß es wirklich des psychoanalytischen Zaubers bedürfe, um es bewußt zu machen, ist viel seltener, als man jetzt glaubt. Der Kranke schmückt es mit der Gloriole des Unbewußtgewesenseins. Eine ganz schäbige bewußte Erinnerung macht sich interessant, ver-

klärt sich gewissermaßen, indem sie sich als gestern noch unbewußt ausgibt. Sie ist gewissermaßen eine vornehme Fremde, die aus der Ferne kommt. Der Kranke ist stolz, vergessen zu haben, und dann ist er wieder stolz darauf, sich zu erinnern.

Die psychoanalytische Untersuchung schmeichelt der Eitelkeit in einer gefährlichen Weise. Allerlei Unbeträchtlichkeit wird mit einem falschen Schein von Wichtigkeit umgeben. Ein vollkommen unbedeutender Mensch erscheint sich interessant, der Wert, den man sogar seinen Träumen beimißt, entzückt ihn.

Fehlerquellen der Psychoanalyse.
Die psychoanalytische Methode: ein hemmungsloses, zuweilen auch zwangshaftes Determinieren bis zu einer bestimmten Grenze, wo willkürlich die Hemmung eintritt – beim Geschlechtlichen. Man frägt sich, warum nicht weiter determiniert wird – bis zum Tod, bis zu Gott usw.
Die psychoanalytische Methode biegt ins Unbewußte oft ohne Nötigung, lange ehe sie es dürfte, ein. Manchmal aus Bequemlichkeit, manchmal aus Borniertheit, manchmal aus Monomanie.
Sie bildet sich ein, vom Unbewußten des Patienten oder des Opfers in jedem Fall mehr zu wissen als dieser selbst. Selbst den Fall angenommen, das Untersuchungsobjekt sei in der Beantwortung der an sie gerichteten Fragen vollkommen ehrlich gewesen (was seltener zutrifft, als die Psychoanalytiker sich einbilden, selbst dann, wenn die Untersuchten guten Willens sind – was auch wieder seltener eintrifft, als die Analytiker glauben). Es gibt viele Fälle, mehr als die Analytiker zugestehen möchten, in denen der Patient weiter in sein eigenes Unbewußtes vorzudringen vermag als der Analytiker – und auf richtigeren Wegen.
Denn das Unbewußte ist ein sehr weites Gebiet, und es gibt

mehr Einbruchsstellen in dieses und verwickeltere Straßen auf diesem Gebiet, als die Analytiker ahnen.
Es gibt wahrscheinlich auch mehr Komplexe und zum Teil auch andere als die, von denen immer wieder die Rede ist. Sie kommen nur seltener vor, als die Analytiker behaupten.
Immer wieder berufen sich die Analytiker bei ihren Resultaten und Dogmen auf die Traumdeutung, die Traumdeutung aber selbst nehmen sie auf Grund ihrer Dogmen vor. Der typische circulus vitiosus.
Die Psychoanalyse benützt Tatsachen der Volkskunde, der Urgeschichte, der Mythe, manchmal in vollkommen willkürlicher Weise.
Sie statuiert Komplexe, nicht nur den Oedipuskomplex, jetzt besonders gern den Kastrationskomplex, als normale, regelmäßige Tatsache des unbewußten Seelenlebens, während beide Komplexe, wenn sie überhaupt irgend eine Bedeutung beanspruchen sollen, nur als pathologische Seelenzustände in Betracht kommen.
Sie spricht von Bewußtsein und Unterbewußtsein, läßt aber das Mittelbewußtsein allzusehr außer Betracht.

Die neuere Psychologie ist mehr auf Metaphern bedacht als auf psychische Realitäten. Die Trennung in Ich, Überich und Es ist geistreich, aber künstlich.
Eine solche Trennung gibt es in Wirklichkeit nicht.
Ein Ich ist überhaupt nicht vorhanden ohne Überich und Es.
Es ist, wie wenn man von einem Ding ohne Eigenschaften sprechen wollte.
Die Eigenschaften sind nur in bald höherem, bald geringerem Maße vorhanden.
Es gibt Individuen (Seelenkomplexe), in denen das Überich, andere, in denen das Es stärker ausgesprochen ist.
Eine Einteilung in Bewußtsein, Mittelbewußtsein und Un-

terbewußtsein käme den wissenschaftlichen Tatsachen näher.

Das Mittelbewußtsein wird überhaupt im Ganzen zu wenig beachtet.

Es ist das ungeheuerste Gebiet des Seelen- und Geisteslebens; von da aus steigen die Elemente ununterbrochen ins Bewußte auf oder sinken ins Unbewußte hinab.

Das Mittelbewußtsein steht ununterbrochen zur Verfügung. Auf seine Fülle, seine Reaktionsfähigkeit kommt es vor allem an. Darauf auch, ob der Verkehr zwischen dem Mittelbewußtsein und dem Bewußtsein einerseits, dem Mittelbewußtsein und dem Unterbewußtsein andererseits, sich ohne Störung, ob er sich rasch oder langsam vollzieht usw.

Das Mittelbewußtsein verhält sich zum Unterbewußtsein wie der Schlummer zum Scheintod. Der Schlummernde läßt sich immer ohne Mühe erwecken, der Scheintote nicht (wenigstens nicht immer). Die Psychoanalyse wirkt viel öfter auf das Mittelbewußtsein als (wie sie glaubt) auf das Unterbewußtsein.

Manches, vielleicht das Meiste, was sie in das Unterbewußtsein verlegt, ist im Mittelbewußtsein zu suchen.

Sowohl Elemente des Überich, wie auch Elemente des sogenannten Es finden sich im Mittelbewußtsein wie im Unterbewußtsein.

Wo sich die verschiedenen Elemente befinden, das macht zum Teil die Unterschiede von Individualitäten aus.

Es wird viel öfter ins Mittelbewußte verdrängt als ins Unbewußte. Und die Psychoanalyse gräbt in den seltensten Fällen so tief, als sie glaubt.

Die Elemente des Mittelbewußtseins sind in steter Bewegung, und der leiseste Anreiz kann ein solches Element ins Bewußtsein hinauftreiben.

Wäre das nicht der Fall, so gäbe es weder ein Denken noch eine seelische Entwicklung.

Annonce aus einem psychoanalytischen Journal.
Eleganter junger Mann, Besitzer von tausend Mill. und eines bescheidenen, aber entwicklungsfähigen Oedipuskomplexes sucht ehrbarst Bekanntschaft mit angehender Kindesmörderin behufs Ausflüge ins Unbewußte, konvenierendenfalls ins Bewußte. Man schreibe an die Expedition dieses Blattes unter: Besser sublimiert als verdrängt. Mädchen unter 14 bevorzugt, Jungfrauen Papierkorb.

LITERATUR UND THEATER, KUNST UND KRITIK

Als Künstlernatur bezeichnen wir im allgemeinen die Summe von Eigenschaften, die den Künstler im Produzieren behindert.

Es mag dem Künstler begegnen, daß er mit seinem Stoff lange Zeit so überlegen spielte wie ein geschickter Jongleur mit seinem Ball und daß es ihm gelang, ihn aus den höchsten Höhen und fernsten Fernen immer wieder im rechten Augenblick mit gewandten Händen aufzufangen; – bis er ihm doch einmal unversehens entgleitet, davonhüpft und in irgendeinem Lebensgestrüpp verschwindet, aus dem er sich niemals wieder hervorholen läßt.

Wenn wir in einem Kunstwerk das Vorhandensein einer Weltanschauung als künstlerischen Vorzug zu empfinden glauben, so kommt diese Wirkung niemals von der besonderen Art der Weltanschauung her, die der Autor zum Ausdruck bringt, sondern immer nur von dem Grad des Talentes, den er hierzu aufzuwenden imstande war.

Aus dem Werke manches Dichters spüren wir wohl heraus, daß er irgendwie und irgendwo ein Genie ist, nur leider gerade nicht in seiner Dichtung.

Es ist dem Dichter unbenommen, die Freiheit heißer zu lieben als der Held, den er gestaltet. Aber wehe ihm, wenn von diesem Überfluß eigener Liebe auch nur ein Tropfen in seines Helden Worte überströmt.

Wenn man die Grundidee des antiken Dramas, die Unentrinnbarkeit des Schicksals, – als die des klassischen den

Kampf der großen Persönlichkeit gegen Widerstände aller Art, – als die des romantischen das Schweifen und Irren des Individuums im Unbegrenzten (daher es auch niemals ein wirkliches romantisches Drama geben konnte) bezeichnen darf, so wird man als Grundidee der modernen Tragödie immer wieder den unauflösbaren Widerspruch zwischen Verstand und Gefühl ansprechen müssen (daher die moderne Tragödie mit Notwendigkeit zur Tragikomödie wird). Daß Verstand und Gefühl auch bei gelegentlicher scheinbarer Übereinstimmung und Versöhnung völlig getrennten Haushalt führen, diese Erkenntnis ist die Atmosphäre, in der die Handlung des modernen Dramas vor sich geht. Was Kleist als die »Verwirrung des Gefühls« bezeichnet – und bei ihm beginnt das moderne Drama – könnte man ebenso gut Verwirrung des Verstandes nennen. In Wahrheit verwirren sie sich gegenseitig; dies eben ist das Tragikomische, und fast könnte man sagen, daß dort, wo das unbeirrbare Gefühl oder wo das völlige Verstehen anfängt, das Drama mit Notwendigkeit aufhören muß.

Dies erst wäre das wahre Drama, in dem das scheinbar nebensächlichste Wort sich durch alle Irrgänge bis zur Wurzel des Stückes verfolgen ließe, und in dem auch die letzte Episodenfigur zum tieferen Zweck bis auf die Farbe ihrer Augen ausgenützt würde.

Daß wir in der Tragödie nach dem Untergang des Helden verlangen, hat vielleicht auch darin seinen Grund, daß wir uns niemals entschließen können, dem Schicksal vorbehaltlos zu vertrauen. Wir kennen die Unberechenbarkeit der unzähligen, außerhalb des Individuums wirkenden Kräfte, die ihm, auch als lächerliche Zufälligkeiten verkleidet, Schicksale zu werden vermögen, und wir geben uns nicht zufrieden, wenn der Held, der uns teuer ward, vom Dichter wieder in die grauenvolle Unsicherheit des Daseins entlassen wurde. Erst wenn er endgültig untergegangen ist, wird ihm wohl sein – und uns mit ihm.

Eine Welt ohne Schuld und Verantwortung ist vorstellbar, ein Drama nicht.

Dramatische Konflikte entstehen immer nur durch die Stellung der Personen gegenüber einem Problem, welches es auch sei, nicht durch das Problem an sich. * * *

Jedem Schriftsteller ist es schon begegnet, daß man in irgendeiner seiner Figuren einige ganz verschiedene wirkliche Menschen zu erkennen geglaubt hat. Es kann auch irgendeinmal ein Schauspieler eine Figur kopieren, an die der Autor überhaupt nicht gedacht hat.
Zuweilen auch führt der Autor eine Figur weiter, als ihr Vorbild innerhalb des Lebens sich zu entwickeln vermochte. Er ist es, der den Sinn einer bestimmten menschlichen Erscheinung erst in Wahrheit erfüllt. Er vermag es, Figuren in erfundene Situationen hineinzustellen, in die das Urbild niemals geraten könnte und statuiert so gleichsam ein Exempel, zu dem es dem Schöpfer an der nötigen Konsequenz gefehlt hat. * * *

Ein böser Mensch, der auf der Bühne einen gütigen, ein galliger Geselle, der den Wohlwollenden, eine Canaille, die die Tugend, ein Melancholiker, der den Spaßmacher, ein Dummkopf, der den überlegenen Geist vortrefflich zu spielen vermag; – all dies sind Schauspielertypen, denen wir gar nicht so selten begegnen. Die wahrhaft großen Menschendarsteller scheinen aber diejenigen zu sein, die ihr ureigenstes Wesen, das ihnen selbst verborgen sein mag, – vielleicht gerade darum, weil es ihnen verborgen ist, auf der Bühne unbewußt ins Satanische oder Dämonische zu steigern verstehen.

Es ist ein gewaltiger Unterschied zwischen dem geborenen Dramatiker und dem theatralisch begabten Schriftsteller, der sich durch das Temperament der von ihm geschaffenen Figuren auf die Bühne hat hetzen lassen.

Nun gibt es manche Urteile, die der Autor unbedingt dem Leser überlassen muß. Er muß es dahin bringen, daß der Leser eine Gestalt als wunderlich, eine andere als bedeutend erkennt, daß er sich in irgendeinem Augenblick zu dem Ausruf gedrängt fühlt: Wie bizarr, wie skurril, wie lächerlich! Er darf auch dieses Urteil irgendeiner Gestalt, die sich in der von ihm geschaffenen Welt bewegt, in den Mund legen, doch ihm selbst bleibt es verwehrt, sich in dieser Weise zu äußern. ***

Es ist eine ganz leichte Sache, in aller Aufrichtigkeit von seinen Schwächen, seinen Lastern, selbst von seinen Verbrechen zu reden. Aber *so* von ihnen reden, als wenn diese Schwächen nicht höchst liebenswürdiger Natur, diese Laster nicht ausnehmend interessant oder gar im Grunde geheime Tugenden, – und als ob diese Verbrechen nicht so verwegen und großartig wären, wie sie vorher kaum noch je verübt worden sind, – *das* ist die Kunst, und hier erst begänne die eigentliche Wahrhaftigkeit. In Autobiographien ist sie selten zu finden.

Beklagenswerter, der nicht sein Leben, sondern seine Autobiographie lebt.

Man hat es so leicht, seine Erinnerungen zu schreiben, wenn man ein schlechtes Gedächtnis hat.

In der Tragik gerät der menschliche Geist, so tief er auch hinabsteigen mag, irgendeinmal auf Grund, – im Humor niemals.

Wer Humor hat, der hat beinahe schon Genie. Wer nur Witz hat, der hat meistens nicht einmal den.

Tiefe eines Gedankens ist keine Eigenschaft an sich. Ein Gedanke erscheint uns dann tief, wenn er klar, stark und wahr ist, immer also, wenn er vom Hauch des Erlebnisses umwittert ist, dem er seine Entstehung verdankt. Zuweilen wird aber Tiefe eines Gedankens erst durch die künstlerische Form des Ausdrucks offenbar, noch öfter freilich nur vorgetäuscht.

Um den Künstler ist ein geheimnisvolles Element, durch dessen Medium er die Umwelt unvergleichlich stärker zu erfassen vermag als irgendein anderer Mensch, und das ihn doch zugleich unerbittlicher von ihr abschließt, als die dickste Mauer es vermöchte.

Unter der Bewunderung, die ein Jünger seinem Meister zollt, verbirgt sich oft und nicht immer unbewußt die Genugtuung über dessen Schwächen, durch die er sich ihm verwandt, seine eigenen gerechtfertigt und sich weiterer Beweisführung zur Legitimation seiner Jüngerschaft enthoben fühlt.

Ich traue den Enthusiasten nicht, die von ihrer Fähigkeit, sich zu begeistern, gerade so sehr oder noch tiefer ergriffen sind, als von dem Gegenstand, für den sie sich begeistert haben.

Wer sich von der Persönlichkeit eines Künstlers enttäuscht oder überrascht fühlt, hat dessen Werke mißverstanden.

Jeder Dilettant fühlt sich beleidigt, wenn man ihn als das bezeichnet, was er ist, und jeder Künstler fühlt sich erst bestätigt, wenn man das Element des Dilettantismus in ihm ahnt, ohne das er, wenn ein wahrer Künstler, nicht denkbar, keineswegs genießbar ist.

In den Reflexen des Daseins spielen und daran sich genügen lassen, das macht den Literaten aus. Der aber ist ein Dichter, dem in diesen Reflexen das Dasein selbst sich zum zweiten Male spiegelt.

Beim schaffenden Künstler muß jede Leistung den Stempel der Notwendigkeit tragen, sonst ist sie in einem höchsten Sinne verfehlt. Beim Nachschaffenden, der ja in jedem Falle auf die Wirkung des Augenblicks eingestellt ist, kann für dieses Element der inneren Notwendigkeit auch ein anderes eintreten: Routine, Ehrgeiz, Sensationslust.
Das Prinzip des »Könnte-man-nicht«, wie ein großer Regisseur das bei einem andern großen, aber etwas äußerlichen zu nennen pflegte, gewinnt hier seine Bedeutung. Leute, die das Prinzip dieses »Könnte-man-nicht« repräsentieren, werden nie durch eine dringende innere Notwendigkeit zu einer bestimmten Leistung angetrieben, sondern stets durch irgendeinen äußeren Anlaß. Sie sind stets auf der Suche nach einem Problem für ihr Talent. Und so glänzend sie es bewältigen mögen, es hätte immer auch irgendein anderes sein können als das, mit dem sie sich beschäftigen.

Man kann die Kunst wohl als Resultat einer Angstneurose auffassen, in dem Sinn, daß sie aus dem Drang entspringt, dem Grauen der Vergänglichkeit zu entfliehen. Die Kunst will aufbewahren, erst in zweiter Linie will sie gestalten.
Der eine rettet sich in Gestalten, der andere ins Spiel.
Auch in der Liebe liegt Gestaltungswille. Der Liebende bildet aus dem Wesen, das er liebt, für seine Einbildungskraft eine Gestalt mehr oder minder bewußt, die dem Urbild mehr oder weniger gleicht.

Nichts schwerer, als jung und alt zugleich zu sein – und damit ist das Los des Künstlers ausgesprochen. Darum erscheint ihm in seiner Jugend das Leben so unheimlich bei aller Selbstverständlichkeit, und das Alter bei aller Ausgeglichenheit so tragisch. Nie ist es ihm beschieden, in den besten Jahren zu sein.

Das Besondere ist nur, daß dem Dichter alles an sich auffällt, an sich und an anderen, denn das ist sein Beruf. * * *

Der *Dichter* ist Gestalter und Bewahrer aus innerer Notwendigkeit. In seinen schöpferischen Momenten ist ihm die ganze Welt Material für sein Werk. In seinen unfruchtbaren verliert die ganze Welt für ihn ihren Glanz oder erlischt geradezu. Keiner ist so sehr wie er *Mensch von Gnaden des Augenblicks.*
Er ist der fließende Spiegel der Welt und bleibt es, auch wenn der Spiegel sich zeitweilig bis zur Undurchsichtigkeit trübt. * * *

Der Feuilletonist schreibt naturgemäß leicht. Denn nur Sachlichkeit retardiert, nur Sachlichkeit erwartet Einwände, sucht sie selbst, zwingt sie aus der eigenen Seele hervor. Das persönliche Moment aber ist stets beschleunigenden Charakters, und der Feuilletonist schreibt umso geschwinder, als er immer bewußt oder unbewußt sich auf der Flucht vor seinem eigenen Gewissen befindet.

Der Feuilletonist ist der Mann der Nebenabsichten. Sie müssen nicht a priori da sein, aber sie entwickeln sich immer mit Notwendigkeit, während er schreibt.
Die Vielfältigkeit der Welt erfüllt ihn nicht mit Andacht, sie ist ihm Vorwand, nicht Zweck.

Wer immer versucht, auch ohne polemische Nebenabsichten über seine eigene Produktion etwas niederzuschreiben, gerät mit Notwendigkeit in eine Polemik gegen die Kritik. Denn ihr Walten macht es dem Künstler immer wieder von neuem klar, wie sehr er mißverstanden werden kann, ja wie er offenbar umso mehr mißverstanden werden muß, je entschiedener er sich in seinem ganzen Wesen durch sein Produkt ausgesprochen hat.

Immer wieder die Täuschung, daß man in irgendeinem Augenblick als Schaffender weniger ist als der Kritisierende. * * *

Wenigen Menschen ist es gegeben, einem Kunstwerk als ruhig Betrachtende gegenüberzustehen; aber kaum *einer* ist fähig oder gewillt, während er das Werk auf sich wirken läßt, im Nachgefühl oder im Gespräch darüber, einfach ein Betrachtender zu *bleiben.* Unversehens wird er zum Kritiker, indem er an dem Werk seine Urteilskraft zu erweisen, seinen Witz zu üben, sein eigenes Wesen zu messen sucht.
Der Naive tut das vorerst ohne jede, gewiß ohne jede übelwollende Absicht; aber auch in ihm kommen bald die angeborenen menschlichen Eigenschaften zu ihrem Recht –: Eitelkeit und Besserwisserei, der Drang, vor sich selbst und vor andern als der Überlegene dazustehn, – so daß er in höherem Maß bereit sein wird, die schwachen Seiten eines Werkes aufzuspüren, als dessen gute gelten zu lassen.
Und wir wollen diese allgemein menschlichen Eigenschaften gerade demjenigen übelnehmen, der aus dem Kritisieren seinen Beruf gemacht hat?

Des Kritikers erste Frage müßte sein: Was hast du mir zu sagen, Werk –? Aber das kümmert ihn im allgemeinen wenig. Seine erste Regung ist vielmehr: Nun, Werk, gib acht, was ich dir zu sagen habe!

Wenn dem Kritiker ein Werk zur Beurteilung vorliegt, stehen ihm zwei Methoden zur Wahl. Entweder mag er sich auf dies eine Werk beschränken und von den übrigen des Autors absehen; – oder er bezieht in sein Urteil die Gesamterscheinung des Autors ein. Meist aber übt er eine dritte Methode, die ihm in jedem Falle verwehrt sein sollte, – indem er neben dem Werke, das ihm zur Beurteilung unterbreitet ist, einzelne andere nach Wahl oder Laune in den Kreis seiner Betrachtungen aufnimmt, die Existenz der übrigen, die ihm für seinen Zweck und seine Wirkung im Augenblick eben nicht genehm sind, willkürlich außer acht läßt und sich solchermaßen erlaubt, den Dichter aus eigener Machtvollkommenheit zu fragmentieren.

Wie oft geschieht es – und muß nicht immer böse gemeint sein –, daß der Kritiker seine eigene fixe Idee in das Werk eines Autors hineinträgt und nichts anderes mehr darin zu sehen vermag als eben diese Idee, von der er selbst monomanisch besessen ist; – während sie dem Autor doch nur ein Element seines Werkes und nicht einmal das wichtigste unter einem Dutzend anderer bedeutete.

Man legt dem Autor irgendeine künstlerische, ethische oder sonstige Absicht unter, die er niemals gehabt hat und wirft ihm vor, daß er nicht erreicht hat, was er wollte.

Für die Tageskritik dürfte immer nur der Einzelfall in Frage stehen. Alles übrige, was sie in die Diskussion bringt, ist Verdunkelung des Tatbestandes aus Wichtigtuerei, Überheblichkeit und Bosheit. Es geht die Tageskritik nicht das geringste an, ob der Verfasser in irgendeinem neuen Werk einen Fortschritt oder einen Rückschritt verrät, sie hat keinerlei Recht, ihn auf Grund der Kenntnisnahme früherer Werke der Einseitigkeit zu beschuldigen, und es kümmert keinen Menschen, ob sie sich in ihren angeblichen Hoffnungen bestätigt oder enttäuscht sieht. Sie hat jedes Werk nicht anders zu beurteilen, als wenn es ihr völlig anonym vor Augen käme. Aber freilich, dann hätte das Publikum und auch sie selbst weit weniger Spaß an ihrem Berufe.

Es gibt kaum Einwendungen gegen ein Kunstwerk, die von einem bestimmten höheren Standpunkt aus sich nicht rechtfertigen ließen. Doch wenn man die Leute betrachtet, die sich auf einen solchen höheren Standpunkt zu stellen wagen, möchte man oft kopfschüttelnd fragen: woher nehmt Ihr nur die Courage, so hoch hinauf zu klettern? Was habt Ihr dort oben eigentlich zu suchen? Fürchtet Ihr nicht, daß Euch der leiseste Wind hinunterwehen könnte?

Es ist natürlich recht schwierig, sich über die künstlerischen Qualitäten eines Werkes zu äußern. So versucht es der Rezensent gar nicht. Er geht an die Sache von anderswo heran.
Mancher zeigt seine ehrliche Feindseligkeit schon damit, daß er sein Los als solches beklagt. Wie entsetzlich, überhaupt schreiben, ins Theater gehen zu müssen, kurz, gerade diesen Beruf erwählt zu haben. Es ist etwa, wie wenn ein Arzt ins Krankenzimmer träte mit einem Fluch darüber, daß man ihn habe holen lassen oder daß er überhaupt Medizin studiert habe.
Hat der Rezensent auf diese Art den Autor verdientermaßen zurechtgewiesen, daß dieser überhaupt wage, ihn zu bemühen, ihm Gelegenheit zu geben, seinen Beruf auszuüben und Geld zu verdienen, so äußert er sein Mißfallen, daß der Autor gerade das und nichts anderes gechrieben habe, daß er just diesen Stoff und keinen andern gewählt, ob es nun ein moderner, ein historischer, ein sozialer oder ein psychologischer Stoff ist, es paßt ihm eben nicht. Er wünscht just das andere. Er ist ferner indigniert über die Gesellschaftsschicht, die der Autor darstellt. Ob die Sache

nun unter Künstlern (schon wieder!), Aristokraten (schon wieder!), Bürgern oder Arbeitern spielt, es ist ihm nicht recht, sie sollte woanders spielen. Ferner beklagt er sich darüber, daß der Autor ein Trauerspiel, resp. daß er ein Lustspiel gemacht hat. Denn der Rezensent findet, daß dieser Stoff sich zu einem Lustspiel, resp. zu einem Trauerspiel sich eigne. In eine berechtigte Wut aber gerät er, wenn eine Tragikomödie vorliegt, denn warum hat der Autor keine Komödie oder keine Tragödie geschrieben?
Ferner, da das Stück lang oder kurz ist, ist es selbstverständlich entweder zu lang oder zu kurz, der Autor ist entweder breitspurig oder hat einen zu kurzen Atem. Mit einem Wort, ehe so ein Kerl nur anfängt Kritik zu üben, sich sachlich zu äußern, ob seiner Ansicht nach dem Autor das, was dieser wollte, gelungen, hat er Autor und Werk so gründlich angepöbelt, daß er an seine eigentliche Arbeit mit begreiflicher Müdigkeit und Unlust herankommt.

Dem Kritiker ist es so leicht gemacht, eine Abneigung, die er etwa gegen einen Autor, dessen Persönlichkeit, dessen Werk empfindet, in einer völlig gefahrlosen Weise zum Ausdruck zu bringen, so daß er schon einer ganz besonderen Charakterstärke und Selbstüberwindung bedarf, um dieser Verführung nicht zu unterliegen. * * *

Man begegnet als Autor zuweilen Voreingenommenheiten, ja Feindseligkeiten von Seiten irgendeines Rezensenten, die dieser mit dem besten Gewissen imstande sein wird abzuleugnen; denn sie haben ihre Quellen in Tiefen, die ihm selbst oftmals verborgen bleiben und in die hinabzusteigen, wenn er sie ahnte, er sich aus guten Gründen scheuen müßte.

Allerlei Schwächen, die wir manchmal geneigt sind, dem Kritiker als Individuum anzukreiden, haben offenbar mit seiner Person, mit Mängeln seines Charakters, seines Talents oder seiner Urteilskraft kaum etwas zu schaffen. Es drückt sich in diesen Schwächen oft nur der immanente Geist der Kritik aus, ihre Erbsünde könnte man sagen, der jeder, der nun einmal diesen Beruf ausübt, unweigerlich verfallen ist. Für die Richtigkeit dieser Annahme scheint mir ein Beweis zu sein, daß auch Autoren (ja besonders solche), die sich über erlittene Angriffe nicht heftig genug entrüsten konnten, – sobald sie selbst in die Gelegenheit kommen, an dem Werk eines andern Autors Kritik zu üben, die gleichen und oft noch viel üblere Rezensentenmanieren anzunehmen pflegen als die, die ihnen höchst verwerflich dünkten, da sie sie am eigenen Leib zu verspüren hatten.

Auch unter den vorzüglichsten Rezensionen gibt es wenige, die dem Werke, dem rezensierten nämlich, insofern kongruent sind, als sie sich durchaus nur ihm anpassen. Gerade sehr geistreiche Rezensionen sind in ihren besten Partien ohneweiters auch bei anderen Gelegenheiten zu verwenden.

Das ist der ideale Kritiker, der erstens die Fähigkeit besitzt, in ein Kunstwerk so vollkommen einzudringen, daß ihm der Wert des Ganzen sowie auch der Einzelheiten in vollkommener Klarheit aufgeht, der zugleich für seine Ansicht die treffenden Worte zu finden vermag und für den es kein Hindernis gibt, seine Ansicht in völliger Unabhängigkeit und Freiheit mitzuteilen. Es ist zweifelhaft, ob man jemals diesem Idealkritiker begegnen wird; zu viel haben wir von ihm zu fordern.***

Der Rezensent schmiedet Waffen gegen dich aus allem, auch aus dem Titel, auch aus dem Untertitel. Bescheidenheit ist ihm Eingeständnis der Schwäche, Stolz ist ihm Dünkel usw.

Irgendwo bei Heinrich Mann sagt ein Maler mit der Ruhesehnsucht des gehetzten Schaffenden, als einer, der (nach Goethe) zu seinem Talent verdammt ist: »Oh, einmal nicht malen müssen.« Und doch, ich bin überzeugt, auch dieser Gehetzte hat Augenblicke, wo es ihn freut, nicht nur, daß er malen kann, sondern auch, daß er malen muß. Aber ich frage mich: Was geht in den Leuten vor, die nicht etwa von dem Drang gehetzt werden zu malen, sondern über das zu reden, was von andern gemalt worden ist. Rufen sie nicht auch manchmal aus: »Nicht reden müssen!« Passiert es ihnen nicht (so wie dem Künstler vor der überwältigenden Erscheinung von etwas Wirklichem) vor der überwältigenden Erscheinung eines Werks, daß die Sehnsucht sie überfällt zu schweigen? Offenbar ist das ein seltener Vorgang, sonst lebten heute nicht Tausende davon, nur davon, daß andere da sind, welche schaffen, würden nicht Bogen und Ballen Papier verschmiert, um das zu leisten, was gemeiniglich Kritik genannt wird, was zuweilen sogar Kritik ist, in den meisten Fällen aber nichts anderes als Geschwätz, niemandem nütze als dem Schwätzer selbst, sei es, daß er Geld dafür einsteckt, oder sich mindestens ein paar Augenblicke wichtig vorkommen darf. Doch ich will genau sein. Zuweilen gibt es doch einen oder den andern, der ein Bedürfnis hat, sich mit einem Werk auseinanderzusetzen, wär's auch nur, um gegen das Werk recht zu behalten.

Für den Satiriker wie für den Kritiker gilt der Satz, daß er notwendig eine Art Fälscher sein muß, wenn er nicht eine im tiefsten Grund ehrliche, neidlose, ja edle Persönlichkeit vorstellt. Denn sowohl der Satiriker als der Kritiker holt seine Wirkungen nicht nur aus dem, was er ausspricht und wie er es sagt, sondern in einem vielleicht noch höhern und jedenfalls für ihn gefahrloseren Maße (weil unkontrollierbarer) aus dem, was er verschweigt. *

Die Stimme des Kritikers tönt fürs erste ebenso laut wie die Stimme des Kunstwerks, ja, sie erklingt uns unheimlich verstärkt, weil uns seltsamerweise die Stimmen der vielen Tausende mitzuschwingen scheinen, die die Worte des Kritikers wiederholen und nachplappern. Stellen wir uns jemals unter dem Verfasser einer Kritik irgendeinen stillen Menschen vor, einen unter Millionen, der einfach seine Meinung hinsetzt, als eine unmaßgebliche, die er ja ebenso gut für sich behalten könnte und von niemandem geteilt werden müßte? Nein. *Unser* Kritiker, dessen Meinung gedruckt wird, und wäre es auch in dem letzten Winkelblatt einer Provinzstadt, posiert irgendwie und gilt uns auch oft als der beglaubigte und erwählte Wortführer von vielen. Und daher kommt es, daß auch der selbstbewußteste Autor dem jämmerlichsten Rezensenten gegenüber in dem Augenblick, da ihm dessen Worte gedruckt entgegenstarren, ein Gefühl der Unterlegenheit nicht völlig abzuwehren vermag. Er steht in jedem Fall einer Majorität gegenüber. Der Kritiker ist für eine kurze Weile in der Übermacht, denn hinter ihm stehen in geschlossener Phalanx, wenn auch zur Verräterei bereit, alle seine Leser. *

Es ist gefährlich, mit einem bestechlichen Kritiker verfeindet zu sein, aber mit einem unbestechlichen befreundet sein, das ist noch schlimmer.
Man hat manchmal etwas vom Tadel, aber selten etwas vom Lob, das man spendet.
Angst vor dem eigenen Enthusiasmus, nie vor dem Gegenteil. Atmosphäre des Übelwollens, der Mißgunst, des Hasses.

Auch die Atmosphäre, in der wir leben, gehört zu den Vorbedingungen der Kritik und dadurch auch der Fälschung.
Abfall, Untreue, Urteilslosigkeit, Feigheit auch der Freunde.

Im täglichen gesellschaftlichen Leben bedeutet das, was wir Klatsch nennen, die niederste Form der Kritik.

So lange das wissentliche Verschweigen von Vorzügen nicht ebenso als Fälschung und Lüge gilt wie das wissentliche Hervorheben von Mängeln, die überhaupt nicht vorhanden sind, wird es mit der Kritik übel bestellt sein.

Auf keinem Gebiet der Welt gibt es so viele zugrundegegangene Leute, die das gleiche mit mangelndem Glück versucht haben. Gescheiterte Existenzen, Provinzreporter, Korrespondenten auswärtiger Blätter bilden ein großes Kontingent.

Nicht Leistung und Kritik sind es, die einander ergänzen, sondern Leistung und Widerhall. Und Kritik ist nur eine der vielen Arten von Widerhall, zwar meistens die lauteste, selten die reinste und stets die am raschesten verklungene.

Stoßseufzer des Rezensenten: Ja, wenn man bis zu den Sternen spucken könnte!

Eine ganze Epoche für unfruchtbar erklären, weil man zur Einsicht kam, daß man selbst keiner schöpferischen Leistung fähig ist, das ist Rezensentenlogik.

Nur still geschwiegen, Autor – und keine Erwiderung! Die einzige, die du allen Angriffen entgegenstellen darfst, hast du schon vorweggenommen: – *dein* Werk. Wenn es dauert, hast du recht behalten.

Arthur Schnitzler

Der Sekundant

und andere Erzählungen. Band 9100

»Wunderschön sparsam und durchsichtig« hat Hugo von Hofmannsthal die Art und Weise genannt, mit der Arthur Schnitzler »alles Äußerliche, das den Fortgang der Handlung unterstützt«, in seinen Werken schildert.

Spiel im Morgengrauen

Erzählung. Band 9101

»Spiel im Morgengrauen« ist ein für Arthur Schnitzlers Erzählen sehr charakteristisches Beispiel: das Motiv des Spiels – des Spiels der Akteure mit ihren Gedanken und Gewohnheiten und des Spiels des Zufalls, des Schicksals – kehrt bei ihm wieder wieder.

Fräulein Else

und andere Erzählungen. Band 9102

»Schon das Gestern verschwimmt, und alles, was ein paar Tage zurückliegt, bekommt den Charakter eines unklaren Traumes.« Arthur Schnitzler erzählt vom Fehlverhalten der Menschen, die, aus solchem Lebensgefühl heraus, nicht davor zurückscheuen, die anderen, die gewissenhaften, zu opfern, wenn sie selbst sich allzusehr verstrickt haben.

Fischer Taschenbuch Verlag

fi 297 / 1

ARTHUR SCHNITZLER

Das dramatische Werk

Taschenbuchausgabe in acht Bänden

BAND 1
Alkandi's Lied - Anatol - Anatols Größenwahn - Das Märchen
Die überspannte Person - Halbzwei - Liebelei

BAND 2
Freiwild - Reigen - Das Vermächtnis - Paracelsus
Die Gefährtin

BAND 3
Der grüne Kakadu - Der Schleier der Beatrice - Silvesternacht
Lebendige Stunden

BAND 4
Der einsame Weg - Marionetten - Zwischenspiel
Der Ruf des Lebens

BAND 5
Komtesse Mizzi oder Der Familientag
Die Verwandlungen des Pierrot - Der tapfere Kassian (Singspiel)
Der junge Medardus

BAND 6
Das weite Land - Der Schleier der Pierrette
Professor Bernhardi

BAND 7
Komödie der Worte - Fink und Fliederbusch
Die Schwestern oder Casanova in Spa

BAND 8
Der Gang zum Weiher - Komödie der Verführung
Im Spiel der Sommerlüfte

FISCHER TASCHENBUCH VERLAG

fi 199/2

ARTHUR SCHNITZLER

Das erzählerische Werk

Taschenbuchausgabe in sieben Bänden

BAND 1
Welch eine Melodie – Er wartet auf den vazierenden Gott
Amerika – Erbschaft – Mein Freund Ypsilon
Der Fürst ist im Haus – Der Andere – Reichtum – Der Sohn
Die drei Elixiere – Die Braut – Sterben – Die kleine Komödie
Komödiantinnen – Blumen – Der Witwer – Ein Abschied
Der Empfindsame – Die Frau des Weisen

BAND 2
Der Ehrentag – Die Toten schweigen – Um eine Stunde
Die Nächste – Andreas Thameyers letzter Brief
Frau Berta Garlan – Ein Erfolg – Leutnant Gustl
Der blinde Geronimo und sein Bruder – Legende
Wohltaten, still und rein gegeben – Die grüne Krawatte

BAND 3
Die Fremde – Exzentrik – Die griechische Tänzerin
Die Weissagung – Das Schicksal des Freiherrn von Leisenbogh
Das neue Lied – Der tote Gabriel – Geschichte eines Genies
Der Tod des Junggesellen – Die Hirtenflöte
Die dreifache Warnung – Das Tagebuch der Redegonda
Der Mörder – Frau Beate und ihr Sohn
Doktor Gräsler, Badearzt

BAND 4
Der Weg ins Freie

BAND 5
Der letzte Brief eines Literaten – Casanovas Heimfahrt
Flucht in die Finsternis – Fräulein Else

BAND 6
Die Frau des Richters – Traumnovelle – Spiel im Morgengrauen
Boxeraufstand – Abenteuernovelle – Der Sekundant

BAND 7
Therese

FISCHER TASCHENBUCH VERLAG

fi 200/1

Arthur Schnitzler

Casanovas Heimfahrt
Erzählungen. Band 1343

Aus dem Inhalt: › Der blinde Heronimo und sein Bruder ‹, › Leutnant Gustl ‹, ›Die Fremde‹, ›Der Tod des Junggesellen‹, ›Das Tagebuch der Redegonda‹, ›Spiel im Morgengrauen‹, ›Casanovas Heimfahrt‹, ›Fräulein Else‹.

Jugend in Wien
Eine Autobiographie. Band 2069

»Keine Zweifel: dieses autobiographische Fragment wird erheblich zum besseren Verständnis des Schnitzlerschen Wesens und des Schnitzlerschen Werkes beitragen.« *Friedrich Torberg*

Reigen / Liebelei
Zehn Dialoge / Schauspiel in drei Akten
Band 7009

»Die beiden kleinen Stücke, die hier miteinander gesellt sind, sein (Schnitzlers) berühmtestes und sein berüchtigstes, scheinen sich schlecht miteinander zu vertragen: die gemütvolle »Liebelei« und der ungemütliche »Reigen«, die rührende Tragödie und das »zynische« Satyrspiel, das eine ein Volksstück, gesättigt mit Lokalkolorit – es gibt keine Dichtung, in der mehr Wiener Luft wehte – mit allen öffentlichen Ehren im Burgtheater aufgeführt, das andere als Konterbande lange im Schreibtisch des Dichters versteckt und von Ärgernissen und Skandalen umwittert.«
(Aus dem Nachwort von Richard Alewyn)

Fischer Taschenbuch Verlag

fi 292 / 1

Collection S. Fischer

Lothar Baier
Jahresfrist
Erzählung. Band 2346

Thomas Beckermann (Hg.)
Reise durch die Gegenwart
Ein Lesebuch. Band 2351

Herbert Brödl
Silvana
Erzählungen. Band 2312

Hermann Burger
Diabelli
Erzählungen. Band 2309
Die allmähliche Verfertigung der Idee beim Schreiben
Frankfurter Poetik-Vorlesung
Band 2348
Ein Mann aus Wörtern
Band 2334
Kirchberger Idyllen
Band 2314

Karl Corino
Tür-Stürze
Gedichte. Band 2319

Clemens Eich
Aufstehn und gehn
Gedichte. Band 2316

Ria Endres
Am Ende angekommen
Band 2311

Dieter Forte
Jean Henry Dunant oder Die Einführung der Zivilisation
Ein Schauspiel. Band 2301

Marianne Fritz
Die Schwerkraft der Verhältnisse
Roman. Band 2304

Wolfgang Fritz
Zweifelsfälle für Fortgeschrittene
Roman. Band 2318
Eine ganz einfache Geschichte
Band 2331

Wolfgang Hegewald
Das Gegenteil der Fotografie
Fragmente einer empfindsamen Reise
Band 2338
Hoffmann, Ich und Teile der näheren Umgebung
Band 2344

Wolfgang Hilbig
abwesenheit
gedichte
Band 2308
Der Brief
Drei Erzählungen
Band 2342
die versprengung
gedichte. Band 2350
Unterm Neomond
Erzählungen
Band 2322

Klaus Hoffer
Der große Potlatsch Bei den Bieresch 2
Roman
Band 2329

Jordan/Marquardt/Woesler
Lyrik – von allen Seiten
Zusammenhänge deutschsprachiger Gegenwartslyrik
Band 2320
Lyrik – Blick über die Grenzen
Band 2336

Fischer Taschenbuch Verlag

fi 176/8a